基于可疑用户度量的鲁棒推荐方法研究

THE STUDY OF ROBUST RECOMMENDATION APPROACH BASED ON THE MEASUREMENT OF SUSPICIOUS USERS

伊华伟　著

东北大学出版社

·沈 阳·

图书在版编目(CIP)数据

基于可疑用户度量的鲁棒推荐方法研究 / 伊华伟著
. — 沈阳 : 东北大学出版社, 2021. 9
ISBN 978-7-5517-2726-6

Ⅰ. ①基⋯ Ⅱ. ①伊⋯ Ⅲ. ①搜索引擎—研究 Ⅳ.
①G254. 928

中国版本图书馆 CIP 数据核字（2021）第 159919 号

出 版 者：东北大学出版社
地址：沈阳市和平区文化路三号巷 11 号　邮编：110819
电话：024-83687331（市场部）　83680267（社务部）
传真：024-83680180（市场部）　83687332（社务部）
网址：http://www. neupress. com
E-mail：neuph@ neupress. com
印 刷 者：沈阳市美图艺术印刷有限公司
发 行 者：东北大学出版社
幅面尺寸：170 mm ×240 mm
印　　张：6
字　　数：110 千字
出版时间：2021 年 9 月第 1 版
印刷时间：2021 年 9 月第 1 次印刷
策划编辑：王兆元
责任编辑：项　阳
责任校对：邱　静
封面设计：潘正一
责任出版：唐敏志

ISBN 978-7-5517-2726-6　　定　价：30. 00 元

前 言

协同过滤推荐系统可以有效解决“信息超载”问题，被广泛地应用于电子商务网站等诸多领域。但是，一些恶意用户蓄意伪造虚假用户评分来干扰系统的决策推荐过程，企图使系统产生有利于个人的推荐结果。这种恶意攻击行为严重影响了系统的推荐质量以及用户对系统的信任。因此，如何保障推荐系统不受恶意攻击的影响，为用户提供真实可靠的推荐结果，已经成为一个值得研究的热点问题。本书基于可疑用户度量的思想，从基于内存和基于模型的推荐技术两方面展开研究，致力于设计一系列鲁棒性高、精度损失少的协同过滤推荐算法。

首先，针对基于用户的推荐算法近邻选取可靠性不高的问题，提出一种基于 k-距离和项目类别信息的鲁棒推荐方法。根据离群点检测思想，实现用户可疑度计算；将用户可疑度与项目类别信息相融合，给出缺失值填充计算方法，对用户的未评分项进行填充；基于填充后的评分矩阵，结合传统的基于用户的协同过滤推荐技术，将用户相似度和可疑度共同作为选取邻居的依据，实现对目标用户的鲁棒推荐。

其次，针对已有信任计算模型在攻击概貌存在情况下对用户间信任关系度量不准确的问题，提出一种基于可疑用户度量和多维信任的鲁棒推荐方法。根据用户概貌的特征训练相关向量机分类器，对用户可疑度进行度量；基于用户评分信息挖掘用户之间的隐式信任关系，结合用户可疑性信息构建可靠多维信任模型；将可靠多维信任模型与基于用户的近邻推荐模型相融合，完成对目标用户的可靠推荐。

再次，针对基于矩阵分解的推荐算法在应对托攻击时鲁棒性较差的问题，提出一种基于模糊核聚类和支持向量机的鲁棒推荐方法。根据攻击概貌间高相似度的特性，利用模糊核聚类技术在高维特征空间对用户概貌进行聚类，将攻击概貌聚到同一类内；利用支持向量机分类器对含有攻击概貌的聚类进行检测，进一步识别攻击概貌；将攻击概貌识别结果融入矩阵分解过程中，提高算法的鲁棒性。

然后，针对基于矩阵分解的推荐算法不能平衡处理鲁棒性和推荐精度的问题，提出一种基于可疑用户识别和 Tukey M-估计量的鲁棒推荐方法。根据用户评分信息的分布情况，提出评分个数偏离度和邻居平均相似度的计算方法，对可疑用户进行识别，将识别结果与传统的近邻选取思想相结合，构建可靠近邻模型；在矩阵分解过程中引入 Tukey M-估计量，构造鲁棒矩阵分解模型；将可靠近邻模型融入鲁棒矩阵分解模型中，在提高算法鲁棒性的同时提高推荐精度。

最后，在 MovieLens 数据集上与现有的经典方法进行实验对比分析，验证了所提方法的有效性。

本书得到国家自然科学基金“融合推荐攻击在线集成检测和多维信任机制的可信推荐模型及关键技术研究”（项目编号：61379116）、辽宁省自然科学基金“基于协同过滤的社会化可信推荐模型研究”（项目编号：20180550886）、河北省自然科学基金“面向推荐攻击基于可疑用户度量和概率矩阵分解的鲁棒推荐模型”（项目编号：F2015203046）等项目的资助，在此表示感谢。

限于本书作者的学识水平，书中难免有不足之处，恳请读者批评指正。

伊华伟

2021 年 5 月于辽宁工业大学

目 录

第1章 绪 论

1.1 研究背景和意义

随着互联网技术突飞猛进的发展，人们喜欢在互联网上通过电子商务网站来购买各种各样的商品。然而，随着网上交易用户的日益增多和商品信息量的极大丰富，出现了严重的信息超载（Information Overload）现象[1-3]。所以，人们在享受电子商务带来便利的同时，也面临着一个严峻的挑战——如何在信息的海洋中准确、快捷地找到自己真正所需的商品信息。因此，推荐系统（Recommender Systems）[4-7]应运而生，它与电子商务系统进行结合，能够有效地解决信息超载问题。与传统的搜索引擎不同，推荐系统能根据用户的个人资料、商品购买记录以及对商品的评价等历史信息来分析用户的个人兴趣、爱好，快速找出并主动为用户推荐其可能感兴趣的商品信息，从而在实现个性化推荐的同时提高用户检索信息的效率。

1997 年，Resnick 和 Varian 对推荐系统进行了定义[8]："推荐系统是通过电子商务网站向顾客给出商品的信息和建议，帮助用户决策应该购买什么商品，模拟销售人员协助客户完成购买过程。"目前，电子商务网站是个性化推荐系统的一个主要应用领域，比如 Amazon、豆瓣网、eBay 和当当网等都不同程度地使用了多种形式的推荐技术[9]，主要有基于内容的推荐[10-13]、协同过滤推荐[14]、基于知识的推荐[15-16]和混合推荐[17-18]等。其中协同过滤推荐（Collaborative Filtering Recommendation）技术是最早出现、理论最为成熟和应用最为广泛的技术之一[19-20]。本书内容即基于协同过滤推荐展开系列相关研究工作之成果。

推荐算法决定了系统的性能好坏，它是推荐系统的核心部分[21-22]。协同过滤推荐算法分为基于内存的推荐算法（Memory-based Recommendation Algorithm）和基于模型的推荐算法（Model-based Recommendation Algorithm）两大类，其中基于内存的推荐算法又可分为基于用户的推荐算法（User-based

Recommendation Algorithm)[23-24] 和基于项目的推荐算法（Item-based Recommendation Algorithm)[25-26]。协同过滤推荐算法首先计算系统中用户（项目）间的相似度，然后依据相似度找出与目标用户（项目）相似的最近邻居集合，最后根据近邻用户对目标项目的评分（目标用户对近邻项目的评分）为目标用户完成推荐。虽然基于内存的推荐算法易于实现、推荐精度高，但相似度计算和寻找近邻的过程中需要遍历整个评分矩阵，所以算法运行效率会随着评分数据的增多而降低，实时性不高。基于模型的推荐算法首先运用统计或机器学习等方法对用户-项目评分数据进行训练得到一个模型，此过程通常离线完成；然后利用该模型在线为目标用户完成推荐。相比基于内存的推荐算法来说，基于模型的推荐算法实时性较高。常见的基于模型的推荐算法有贝叶斯模型[27]、聚类模型[28-29]、回归模型[30]、基于 Markov 链的模型[31]、潜在语义分析模型[32-34] 和目前应用最广泛的基于矩阵分解的潜在因子模型[35] 等。

协同过滤推荐算法基于用户对项目的评分数据来完成对目标用户的推荐，因此，收集到的评分数据越多，越能彰显用户的喜好，越能得到高质量的推荐结果，这就要求推荐系统必须具有较强的开放性，以充分调动用户参与评分的积极性[36]。然而，一些恶意用户从个人利益角度出发，利用推荐系统的开放性，人为地将大量虚假用户评分注入到系统中，企图影响用户的购买行为。由此可见，虽然系统可用的评分数据增加了，但是数据质量却严重降低，使系统的推荐结果受到很大影响。这种将虚假用户概貌注入到推荐系统中干扰系统的正常推荐过程，使系统的推荐结果产生偏差的行为被称为托攻击（Shilling Attacks)，也叫概貌注入攻击（Profile Infection Attacks）或者推荐攻击（Recommendation Attacks)[37-38]。推荐系统中的攻击类型有多种，常见的有[39]：随机攻击（Random Attack)、均值攻击（Average Attack)、流行攻击（Bandwagon Attack）和 AoP 攻击（Average over Popular Items Attack）等。根据攻击的目的可进一步将托攻击分为推攻击（Push Attack）和核攻击（Nuke Attack）两类，分别用来提高和降低目标项目被系统推荐的频率[40]。

当推荐系统中存在攻击概貌时，协同过滤推荐算法表现出极大的脆弱性，推荐的商品并不是用户真正需要的。可见，托攻击的存在严重影响了系统的正常运行，使用户对推荐系统的信任逐渐丧失，最终带给商家的必然是经济和信誉的双重损失。所以，如何保证系统不受托攻击的影响，为用户提供安全可靠的优质推荐是亟待解决的一个重要问题。因此，本书针对这一问题，从鲁棒推荐技术角度展开研究，无论是在理论方面还是在实际应用方面都具有一定的研究价值和良好的应用前景。

1.2 鲁棒推荐技术研究现状

鲁棒推荐技术致力于提高推荐算法自身的鲁棒性，使算法具备抑制托攻击的内在能力。在推荐系统领域，鲁棒性是指推荐算法的健壮性，即在系统评分数据库中存在一定数量的攻击概貌或评分噪声的情况下能够产生稳定的推荐结果[41-43]。近年来，众多学者从鲁棒推荐技术角度出发，研究开发鲁棒协同过滤推荐算法来提高系统的推荐质量。下面分别从基于内存和基于模型的推荐算法这两个方面介绍鲁棒推荐技术的研究进展情况。

1.2.1 基于内存的鲁棒推荐算法研究现状

O' Mahony 等人[44-45]提出将鲁棒性作为一种新的度量指标来比较推荐算法的性能。在推攻击和核攻击的环境下，针对基于内存的推荐算法进行了鲁棒性检验，实验结果表明算法受托攻击的影响很大。所以，为了提高基于内存的推荐算法抵抗托攻击的能力，人们提出了多种解决方法。

文献［46］提出了一种基于邻域过滤的推荐算法。首先，通过聚类方法将评分数据聚为两类；然后假定平均分高的一组为包含攻击概貌的类，另外一组为真实概貌类；最后，根据真实概貌类对目标用户进行评分预测。后来，文献［47］又提出了与文献［46］相似的邻域过滤机制。首先基于对目标项目的评分情况，通过聚类的方式将目标用户的近邻分为两组，然后分别计算每组目标项目的标准偏差，具有较小标准偏差的那组用户被视为攻击用户组，因此，在对目标用户进行评分预测时采用另外一组用户的评分信息。文献［48］基于项目逆流行度提出了概貌效用计算方法，并用其来改变用户之间的相似度权值大小，继而提出了一种智能邻域形成方法来减少攻击概貌对推荐结果的影响。该算法能够有效抵制基于流行项目的托攻击，但是对其他类型托攻击的防御效果可能不明显。文献［49］检验了基于重要性加权（Significance Weighting）技术[50]的相关性度量方法对推荐算法的影响，经验证表明，重要性加权技术可以降低攻击用户与目标用户间的相关性，从而减小攻击用户被选作目标用户最近邻居的概率，在一定程度上提高了推荐算法的鲁棒性，但是随着攻击规模和填充规模的增大，算法的鲁棒性会降低。文献［51］提出了一种基于邻居过滤机制的推荐算法。该算法的思想来自文献［52］中提出的信誉报告系统（Reputation Reporting System），在为目标用户寻找近邻的过程中采用聚类的方法将攻击概貌过滤掉。实验结果表明，该算法容易将大量的真实概貌过滤掉，在攻击概貌较少的情况下，导致算法的推荐精度受损。文献［53］针对基于用户和基于项目的协同过滤推荐算法在应对特定类型攻击时的脆弱性问题，提出了混合协同过滤机制可以提高算法鲁棒性的思想。同时，文中详细分析了一种语义增强的混合推荐算法[54-55]。该算法将关于项目的语义知识融入项目间相似度的计算中，以此来提高传统的基于项目的推荐算法的鲁棒性，这种混合机制能够在一定程度上提高算法对抗托攻击的性能。文献［56-57］基于损失函数和熵的信息理论阐述了由于影响范围导致的信息损失，进而提出了一种基于影响限制器的抗攻击推荐算法，经验证，表明算法具有一定的鲁棒性。

另外，一些学者将信任的概念引入到系统的推荐过程中，提出了一系列信任计算模型来度量用户之间的信任度，并根据信任度为目标用户选取可靠近邻，以此来提高系统的推荐质量。目前的信任计算模型主要分为隐式信任计算模型和显式信任计算模型两类。前者是首先确定信任度量依据，然后基于用户对项目的评分数据来建立计算用户之间的隐式信任度的数学模型；后者是在已有的用户信任网络中，依据信任关系的可传递性，确定从源用户到网络邻居用户经过的信任路径，然后根据选取的信任路径建立计算源用户对网络邻居用户的间接信任度的数学模型。

文献［58］提出了一种信任度量方法，相比传统的根据相似度为目标用户寻找最近邻居的推荐算法，在推荐精度和覆盖面方面都有提高。文献［59-60］提出了概貌级信任和项目级信任的计算模型，并根据信任计算模型分别设计了相应的推荐算法，二者的推荐精度都有一定提高，并且后者的推荐精度要优于前者。文献［61-63］提出了主题级信任计算模型，并将其应用到传统的协同过滤推荐算法中，使算法在推荐精度和鲁棒性方面都有提高。文献［64］基于主观逻辑思维分析用户之间的信任关系，并且根据不确定概率理论提出了一种信任计算模型。文献［65］在分析已有基于信任的推荐算法不足的基础上，根据信息来源可靠性理论，充分考虑用户的异质性，提出了一种多维可信计算模型，但是，当系统中存在攻击概貌时，仍然存在脆弱性。文献［66］利用信任关系的传递性，设计了一个混合信任网络，并将其引入传统的基于用户的推荐算法中，将网络中用户之间的信任度和用户之间的相似度进行结合，为目标用户选取最近邻居，相比传统的基于用户的协同过滤推荐算法来说，该算法在推荐精度上有较大提高。文献［67］提出了基于项目的一跳信任计算模型，在此基础上又提出了基于一跳信任计算模型的协同过滤推荐算法，并将用户间信任度和相似度进行二维拟合，使用户之间的权重计算更加合理。该算法较传统的基于用户的协同过滤推荐算法在推荐精度方面有一定提高。文献［68］从基于知识的可信赖性和推断可信赖性两个方面进行了理论分析，提出了一种信任计算模型，但是只限于理论层面的描述，并没有对该模型进行量化和实验验证分析。文献［69］通过分析朋友网中用户之间的好友关系和互动行为等来计算用户之间的信任度，并根据计算得到的信任度构建用户社会网络，提高了寻找最近邻居的准确率以及服务推荐的准确率，但是并没有考虑攻击概貌存在情况下对信任度计算的影响。文献［70］提出了一种融合潜在信任关系的协同过滤推荐算法。该算法基于用户对项目的历史评分数据充分挖掘用户潜在的信任关系。信任关系包括用户自身的活跃性和用户间的喜好差异，在推荐精度和多样性方面都优于传统的基于用户的协同过滤推荐算法。文献［71］提出了一种基于双重邻居选取策略的协同过滤推荐算法，首先根据用户之间的相似度为目标用户选取兴趣相似的最近邻居集合，然后再基于文中提出的用户信任度计算模型去计算目标用户对兴趣相似用户的信任度，根据信任度为目标用户选取信任邻居，最终完成对目标用户的推荐。该算法不但提高了系统的推荐精度，而且具有较强的抗攻击能力。文献［72］提出了一种自动建立信任的防攻击推荐算法，基于用户对项目的评分数据挖掘用户间的信任关系，能够根据用户评分的增加和新用户的增加动态地调整用户间的信任关系，同时考虑用户评分的相似性，最后通过为目标用户动态地选取信任邻居来完成可靠推荐。该算法能明显提高系统的鲁棒性，并在一定程度上提高系统的推荐精度。

1.2.2 基于模型的鲁棒推荐算法研究现状

研究结果表明，基于模型的协同过滤推荐算法的鲁棒性要优于基于内存的协同过滤推荐算法[73-74]，主要原因是基于模型的推荐算法不是基于用户对项目的评分数据直接产生推荐，而是通过训练得到一个抽象模型，利用该模型为目标用户产生推荐，因此能够在一定程度上减少攻击概貌对推荐结果的影响。

文献［75］对基于 k-means 聚类和概率潜在语义分析（PLSA）的协同过滤推荐算法进行了研究。与传统的基于用户的协同过滤推荐算法相比，这两种算法的鲁棒性都有明显提高，并且基于 PLSA 算法的鲁棒性要高于基于 k-means 算法的鲁棒性，但是应对多样性攻击时，二者的鲁棒性都会降低。文献［76］提出了一种基于关联规则（Association Rule）[77]数据挖掘技术的协同过滤推荐算法。该算法是以推荐精度下降为代价来提高鲁棒性的，但是推荐覆盖面较小，应对段攻击时鲁棒性不高。

目前，矩阵分解是基于模型的协同过滤推荐算法广泛使用的一种技术，基于基本矩阵分解模型（Basic Matrix Factorization，BMF）的推荐算法将用户对项目的评分信息映射到一个潜在的特征空间，从而使用户对项目的预测评分转换成最小二乘问题进行求解[78]。文献［79-81］将用户偏好、项目偏好、邻居模型和时间动态信息分别融入基本矩阵分解模型中，在一定程度上提高了算法的推荐精度，但是应对攻击时鲁棒性较差。文献［82］从物品对用户影响的角度出发，将引力融入物品特征中建立引力模型，并将其融合到基本矩阵分解模型中，提出了一种融合引力影响的新的矩阵分解推荐算法。该算法的收敛速度和推荐精度均有提高，并且适用于较大规模的数据集，但是没有考虑托攻击存在的情况。可见，由于最小二乘估计量对离群点的敏感特性，导致基于矩阵分解的推荐算法在应对托攻击时存在一定的安全脆弱性问题。因此，人们提出了鲁棒矩阵分解的思想。

文献［83-84］首次提出了基于M-估计量的鲁棒推荐算法，该算法具有较好的推荐质量，但是只适用于中小规模攻击存在的情况，随着攻击强度的增加，算法的鲁棒性会有明显的下降趋势。文献［85］提出了基于奇异值分解的鲁棒推荐算法 VarSelect SVD，首先利用 PCA VarSelect 托攻击检测算法将可疑用户排除，然后使用 SVD-GHA[86]算法对评分矩阵进行分解。该算法在应对托攻击时具有很好的鲁棒性，但是只适用于小规模的数据集，在大规模数据集上鲁棒性不佳，并且判断攻击用户的截断点不能准确设定。文献［87］提出了基于最小截尾二乘估计量的鲁棒矩阵分解算法 LTSMF，在梯度下降过程中通过丢弃残差值较大的评分去抵制恶意攻击的影响，但是一些具有较大残差值的真实评分也被当作恶意评分来处理，因此会造成一定的精度损失。文献［88］提出了一种基于L-估计量的鲁棒矩阵分解模型，利用分位点定义了一个权值函数去限制目标函数的范围，以此来降低攻击概貌对模型训练的影响。与文献［87］中提到的 LTSMF 推荐算法一样，L-估计量也同样舍弃了一部分真实用户评分数据，因此容易导致算法的推荐精度下降。文献［89］提出了一种基于核函数与 Welsch 加权 M-估计量的鲁棒推荐算法，将融入中值函数的用户偏移量和项目偏移量、引入核函数的用户相似度计算与矩阵分解模型相结合，并且在模型的训练过程中引入 Welsch 加权 M-估计量，实现对用户特征矩阵和项目特征矩阵的鲁棒参数估计。与其他的鲁棒推荐算法相比，文中提出的算法不仅提高了推荐精度，而且具有较好的鲁棒性。文献［90］将用户可疑性及项类属等原信息与贝叶斯概率矩阵分解模型相融合，提出了元信息增强变分贝叶斯鲁棒矩阵分解模型，降低了评分噪声对模型变量变分后验带来的不好影响。文献［91］建立了用户声誉推荐系统，并结合协同过滤推荐领域内的隐语义模型提出了基于用户声誉的隐语义模型鲁棒协同推荐算法，从人为攻击和自然噪声两个方面对系统的鲁棒性进行了改善，在增强系统抵御托攻击能力的同时，推荐精度也得到一定提升。文献［92］将 Sigmoid 和 Fidelity 两个成对损失函数分别与基于矩阵分解和基于最近邻的协同过滤推荐算法结合在一起，提出了两个鲁棒的单类协同排序算法，并在含有大量噪声数据点的真实数据集上进行实验验证，提出的算法在各个评价指标下均优于当前最新的单类协同排序算法。

1.2.3 目前存在的问题

虽然鲁棒推荐技术的研究取得了一些进展，但是仍然存在一些问题，主要表现在以下四个方面：

（1）最近邻居的选取可靠性差。

基于用户的协同过滤推荐算法根据相似度为目标用户选取最近邻居。当系统中存在攻击概貌时，由于攻击概貌与真实概貌的高度相似性，攻击用户极易成为目标用户的最近邻居，导致邻居选取的可靠性差，影响系统的推荐结果。

（2）现有信任计算模型对用户间信任关系的度量准确性差。

应对用户概貌注入攻击时，根据现有的信任计算模型获得的用户间信任度不准确，导致推荐结果产生偏差。

（3）基本矩阵分解模型易受攻击概貌影响。

基于矩阵分解的推荐模型利用最小二乘方法对模型进行训练，在系统含有攻击概貌的情况下，由于最小二乘对离群点的敏感特性，项目特征矩阵易受攻击概貌影响，导致算法的推荐结果不准确。

（4）算法鲁棒性的提高以损失精度为代价。

基于矩阵分解的协同过滤推荐算法中，在提高算法鲁棒性的同时一些真实概貌被误判为攻击概貌而进行舍弃，从而使算法的推荐精度受损，因此需要平衡处理算法的鲁棒性与推荐精度。

1.3 主要研究内容

本书围绕当前协同过滤推荐算法鲁棒性方面存在的缺陷与不足，依据机器学习、统计分析和数据挖掘等相关理论和现有研究成果，以提高推荐算法的鲁棒性为核心，针对可靠邻居的选取、可靠信任模型的建立、基于矩阵分解的推荐算法的鲁棒性、鲁棒性和推荐精度的平衡这几个关键问题，研究一系列在攻击概貌存在情况下能为用户提供可靠推荐的鲁棒推荐方法。本书的具体研究内容包括以下四个方面：

(1) 基于 k-距离和项目类别信息的鲁棒推荐方法。

基于离群点挖掘思想，研究用户可疑度计算方法；研究攻击概貌存在情况下评分矩阵缺失值的填充问题；基于填充后的评分矩阵，研究可靠邻居的选取方法；设计鲁棒推荐算法。

(2) 基于可疑用户度量和多维信任的鲁棒推荐方法。

基于相关向量机理论，研究用户可疑度度量方法；基于用户对项目的评分数据，研究隐式信任属性的挖掘和度量方法，构建隐式信任计算模型；设计鲁棒推荐算法。

(3) 基于模糊核聚类和支持向量机的鲁棒推荐方法。

基于模糊核聚类思想，研究用户聚类方法；基于支持向量机理论，研究可疑用户识别方法；设计鲁棒推荐算法。

(4) 基于可疑用户识别和 Tukey M-估计量的鲁棒推荐方法。

基于统计理论，研究可疑用户识别方法；结合基于用户的近邻推荐模型，构建可靠近邻模型；基于鲁棒估计理论，研究各个特征参数的鲁棒估计方法；设计鲁棒推荐算法。

1.4 本书组织结构

本书内容共分 6 章，整体组织结构如图 1-1 所示。其中包括：绪论、基于 k-距离和项目类别信息的鲁棒推荐方法、基于可疑用户度量和多维信任的鲁棒推荐方法、基于模糊核聚类和支持向量机的鲁棒推荐方法、基于可疑用户识别和 Tukey M-估计量的鲁棒推荐方法以及实验与评价。从第 2 章起各章的主要内容概述如下：

第 2 章为基于 k-距离和项目类别信息的鲁棒推荐方法。首先，对基于用户的协同过滤推荐算法和基于 k-近邻的离群点检测思想进行相关理论知识介绍，在此基础上给出基于 k-距离的用户可疑度的相关定义及计算方法；然后，将用户可疑度与项目类别信息进行结合给出用户评分缺失值填充计算方法；最后，基于填充后的用户评分矩阵，将用户可疑度与用户相似度进行加权组合，设计相应的鲁棒推荐算法。

第 3 章为基于可疑用户度量和多维信任的鲁棒推荐方法。首先，介绍相关向量机的相关理论知识，在此基础上给出用户可疑度度量方法及计算公式；然后，分别从用户评分的权威性、客观性和相似性三方面挖掘用户之间的隐式信任关系，并结合用户可疑度提出可靠多维信任计算模型；最后将信任模型与基

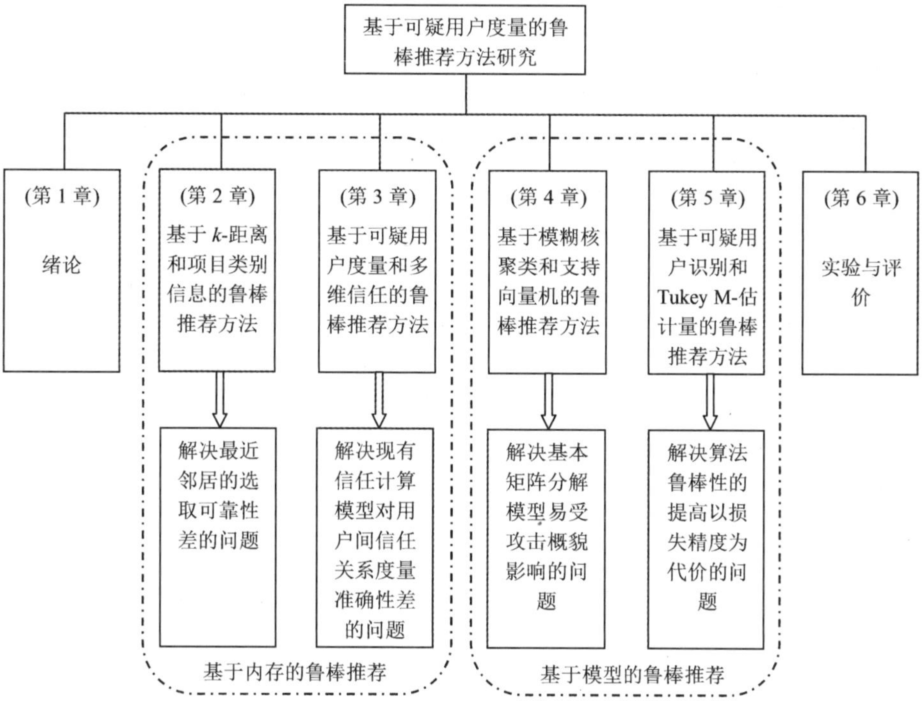

图 1-1　全书的组织结构图

于用户的推荐模型相融合，设计相应的鲁棒推荐算法。

第 4 章为基于模糊核聚类和支持向量机的鲁棒推荐方法。首先，对基本矩阵分解技术、模糊核聚类以及支持向量机进行相关理论知识介绍；然后提出基于模糊核聚类的攻击概貌检测方法和基于支持向量机的攻击概貌识别方法；最后将攻击概貌识别结果与基于矩阵分解的推荐算法相结合，设计相应的鲁棒推荐算法。

第 5 章为基于可疑用户识别和 Tukey M-估计量的鲁棒推荐方法。首先，提出评分个数偏离度和邻居平均相似度两个统计特征计算方法，在此基础上给出可疑用户识别方法，并结合基于用户的近邻推荐模型构建可靠近邻模型；然后提出基于 Tukey M-估计量的鲁棒矩阵分解模型；最后将可靠近邻模型和鲁棒矩阵分解模型进行融合，设计相应的鲁棒推荐算法。

第 6 章为实验与评价。首先，对本书实验中使用的数据集、算法的评价指标以及实验设置进行简单介绍；然后，对本书提出的基于可疑用户度量的一系列鲁棒推荐算法和已有的相关工作进行实验对比及分析。

最后对全书进行了总结，并对未来的研究工作进行展望。

第2章 基于k-距离和项目类别信息的鲁棒推荐方法

针对基于用户的协同过滤推荐算法鲁棒性不高的问题，本章首先提出一种用户可疑度计算方法；然后将其与项目类别信息相结合，提出一种缺失值填充方法；最后基于填充后的评分矩阵，依据用户相似度和可疑度为目标用户选取可靠邻居，进行鲁棒推荐[93]。

2.1 引 言

基于用户的协同过滤推荐算法具有直观、容易理解和操作比较简单的特点，在个性化推荐系统领域中得到了广泛应用。但是由于评分数据的极端稀疏性，导致用户间的相似度计算不准确。在这种情况下，依据相似度为目标用户选取最近邻居并不可靠，容易导致算法的推荐精度不高。另外，在托攻击存在的情况下，由于攻击概貌与真实概貌具有很高的相似性，所以攻击用户很容易被选作目标用户的最近邻居，从而使推荐结果产生偏差。

针对以上存在的问题，本章首先根据基于距离的离群点检测技术提出一种基于k-距离的用户可疑度计算方法；然后考虑到攻击概貌存在情况下的数据稀疏性问题，将用户可疑度信息和项目类别信息进行融合，提出一种用户评分缺失值填充方法；最后基于填充后的评分矩阵，将用户可疑度和相似度共同作为目标用户的最近邻居选取依据，提高最近邻居选取的质量，从而降低攻击概貌对推荐结果带来的影响，在提高算法鲁棒性的同时保证推荐精度。

2.2 相关理论

2.2.1 基于用户的协同过滤推荐算法

在众多的推荐算法中，基于用户的协同过滤（User-based Collaborative Filtering）推荐算法是最早诞生的，又被称为 KNN（K-Nearest Neighbor）推荐算法。该算法首先利用统计技术找到与目标用户偏好相似的最近邻居集合，然后根据最近邻居的评分为目标用户进行评分预测或商品推荐（本书针对评分预测展开相关研究工作）。基于用户的协同过滤推荐算法的实现包括三个阶段，分别是建立用户评分信息模型、寻找最近邻居和进行评分预测。接下来，以求目标用户 u 对项目 i 的预测评分为例来说明算法的具体实现过程。

（1）建立用户评分信息模型：在推荐系统中，通常将输入数据表示为 $m\times n$ 的矩阵 $\boldsymbol{R}$ 形式。$\boldsymbol{R}$ 被称为用户-项目评分矩阵。m 表示用户个数，n 表示项目个数，U 表示全体用户集合，I 表示全体项目集合。其中，矩阵元素 r_{vj} 表示用户 v（$v\in U$）对项目 j（$j\in I$）的评分值。如果用户 v 对项目 j 没有进行评分，用 $r_{vj}=\varnothing$ 表示。

（2）寻找最近邻居：这一阶段的主要任务就是为目标用户找出“最近邻居”（Nearest Neighbor）集合。具体过程为：

首先，基于用户-项目评分矩阵 $\boldsymbol{R}$，计算目标用户 u 与系统中其他用户间的相似度，继而得到一个按照相似度大小递减排序的邻居用户集合 Set_{Neighbor}，相似度的计算可以采用应用比较广泛的皮尔森相关系数度量方法。目标用户 u 和系统中其他用户 v 之间的相似度可根据式（2-1）进行计算：

$$sim_{uv}=\frac{\sum_{i\in I_{uv}}(r_{ui}-\bar{r}_u)\times(r_{vi}-\bar{r}_v)}{\sqrt{\sum_{i\in I_{uv}}(r_{ui}-\bar{r}_u)^2}\times\sqrt{\sum_{i\in I_{uv}}(r_{vi}-\bar{r}_v)^2}} \tag{2-1}$$

其中 I_{uv} 表示用户 u 和用户 v 共同评分的项目集合；$\bar{r}_u$ 和 $\bar{r}_v$ 分别表示用户 u 和用户 v 的平均评分。

然后依据邻居用户集合 Set_{Neighbor} 为目标用户 u 选取最近邻居，得到集合 Set^u_{knn}。

（3）进行评分预测：基于目标用户的最近邻居集合 Set^u_{knn}，根据式（2-2）计算目标用户 u 对项目 i 的预测评分：

$$\hat{r}_{ui}=\bar{r}_u+\frac{\sum_{v\in Set^u_{\text{knn}}}(r_{vi}-\bar{r}_v)\times sim_{uv}}{\sum_{v\in Set^u_{\text{knn}}}|sim_{uv}|} \tag{2-2}$$

2.2.2　基于 *k*-近邻的离群点检测

离群点是指在数据集中与众多数据点的一般行为或模型不一致的对象[94]。离群点检测是数据挖掘领域的一个重要研究方向，目的是发现数据集中的异常数据。近年来，人们基于不同的思想提出了多种离群点检测技术[95-96]，其中 Knorr 与 Ng 提出的基于距离的离群点检测技术因其易于理解和便于实现的特点而得到广泛的应用[97]。在此基础上，Ramaswamy 等人又对其进行扩展，提出了基于距离的第 k 最近邻离群点挖掘技术[98]。

定义 2.1 对象 p 的去心邻域。给定数据集 D，对象 p 的去心邻域是指 D 中除了对象 p 的其他对象的集合。$\exists p \in D$，设 $\forall \delta > 0$，与点 p 距离大于 0 并小于 δ 的全体对象称为点 p 的去心邻域，记作 $\dot{U}(p,\delta)$，如公式(2-3)：

$$\dot{U}(p,\delta) = \left\{ o \mid 0 < |op| < \delta,\ o \in D \right\} \tag{2-3}$$

定义 2.2 对象 p 的 k-距离。将 p 与 $\dot{U}$（p,δ）中所有对象的距离按照从小到大进行排序，得到数组 $\{|o_n p|\}$，其中，$|o_1 p| \leqslant |o_2 p| \cdots \leqslant |o_k p| \cdots \leqslant |o_n p|$，$n \in Z$。设 k 为对象 p 的最近邻数目，取第 k 个距离作为 p 的 k-距离，记为 $k\_dist(p)$，如式(2-4)：

$$k\_dist(p) = |o_k p| \tag{2-4}$$

从以上定义可知，某一对象的 k-距离为该对象到它的 k 个最近邻的距离的最大值。该值大，表明这个对象周围邻居比较稀疏，说明该对象偏离整体数据；反之亦然。因此，可以用 k-距离来度量一个数据对象离群程度的大小，即某对象的 k-距离越大，该对象的离群程度就越大。例如，假设存在一个数据集合 D，其中的 7 个数据对象 p、p_1、p_2、p_3、p_4、p_5 和 p_6 的分布情况如图 2-1 所示。以对象 p 为例，若 $k=4$，则对象 p_1、p_2、p_3 和 p_4 为 p 的 4 个最近邻，其中对象 p_4 为距离 p 最近的第 4 个对象，即 $4\_dist(p)=2.5$；若 $k=5$，则对象 p_1、p_2、p_3、p_4 和 p_5 为 p 的 5 个最近邻对象，其中 p_5 为距离 p 最近的第 5 个对象，即 $5\_dist(p)=3$。可见，随着 k 值的变化，p 的 k-距离也会发生变化，所以 k 值的选取很重要。

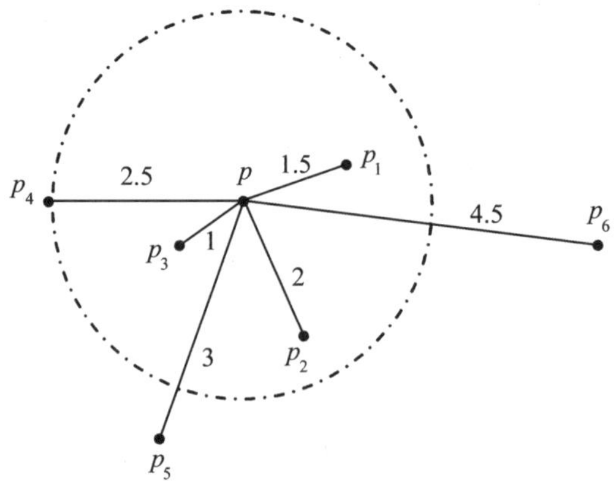

图 2-1 对象 p 的 k-距离

2.3　基于用户的协同过滤推荐系统脆弱性分析

虽然基于用户的推荐算法具有一定的理论基础和技术支撑，但是仍然无法避免托攻击带来的危害。下面以推攻击为例，通过一个简单的示例来阐述攻击者是如何对系统实施攻击行为的。

从表 2-1 可以看到，Lisa ~ Nina 代表系统中的 7 个真实用户，$Attacker_1$ ~ $Attacker_4$代表 4 个攻击用户，$book_1$ ~ $book_6$表示系统中包含 6 本不同的图书。用户对图书的喜好程度用 1 ~ 5 之间的整数以评分值的形式体现出来，数值越大，表示用户对该类图书的喜好程度越大，反之亦然。在推荐系统中，将用户的个人评分记录称为用户概貌。因此，真实用户的评分记录称为真实概貌，攻击用户的评分记录称为攻击概貌。假设要预测 Lisa 对 $book_6$的喜好程度，在表 2-1 中用“?”表示。利用皮尔森相关系数度量方法来计算用户之间的相似度，近邻规模设置为 2，即将系统中目标用户与其他用户的相似度按降序进行排列，将排在前两位的用户的评分用于对目标用户进行评分预测。表 2-1 中给出了系统中其他用户与 Lisa 的相似度大小。

表 2-1　推攻击示例

	$book_1$	$book_2$	$book_3$	$book_4$	$book_5$	$book_6$	与 Lisa 的相似度
Lisa	3	2		5	2	?	
Candy	3	1	2	4	1	1	0.9428
Jerry	4	3	1		4	4	0.5000
Mike	1	4	2	3	1	1	0.1571
Jack	3	1		3	2	3	0.7385
Cherry	2	2		3	1	1	0.8660
Nina	5	3		2	2	3	-0.1667
$Attacker_1$	3		3	5	4	5	0.6547
$Attacker_2$	3	2		5	2	5	1.0000
$Attacker_3$	2	2	1	4		5	0.9449
$Attacker_4$	2	1		4	2	5	0.9366

从表 2-1 可以看出，在系统没有被注入攻击概貌之前，Candy 和 Cherry 与 Lisa 的相似度最大，所以将这两个用户作为最近邻居为 Lisa 进行 $book_6$的评分预测。经过计算得到 Lisa 对 $book_6$的预测评分为 2.0958，可见 Lisa 不是很喜欢

$book_6$，所以系统不会将 $book_6$ 推荐给 Lisa。然而，在系统被注入以 $book_6$ 为攻击目标的攻击概貌之后，$Attacker_2$ 和 $Attacker_3$ 取代 Candy 和 Cherry 成为 Lisa 的最近邻居，经过计算得到 Lisa 对 $book_6$ 的预测评分变为 4.8915，表示 Lisa 很喜欢 $book_6$，所以系统会将 $book_6$ 推荐给 Lisa。可见，攻击者将 Lisa 对 $book_6$ 的喜好程度从“不喜欢”转变为“喜欢”，成功地对系统实施了推攻击。

从以上示例可以看出，托攻击的存在严重干扰了基于用户的推荐系统的正常推荐过程，使原本真实的推荐结果发生了严重偏离，从而也充分暴露出基于用户的推荐算法应对托攻击时的脆弱性。

2.4 基于 *k*-距离的用户可疑度计算

在协同过滤推荐系统中，攻击者受利益驱使伪造虚假用户概貌并将其注入系统当中，和真实用户概貌一起来参与推荐。这些虚假用户概貌与真实用户概貌相比具有异常的特征和行为模式，可以被视为离群点，具有一定的离群特征。因此，借鉴 2.2.2 节中的基于 k-近邻的离群点检测算法的思想，向含有 943 个真实用户概貌的评分数据库中注入 47 个攻击用户概貌，然后根据评分信息度量每个用户的 k-距离。如图 2-2 所示，攻击用户的 k-距离比真实用户的 k-距离明显偏大，这也进一步说明攻击用户周围邻居数目稀少，反映出攻击用户具有较高的离群程度。

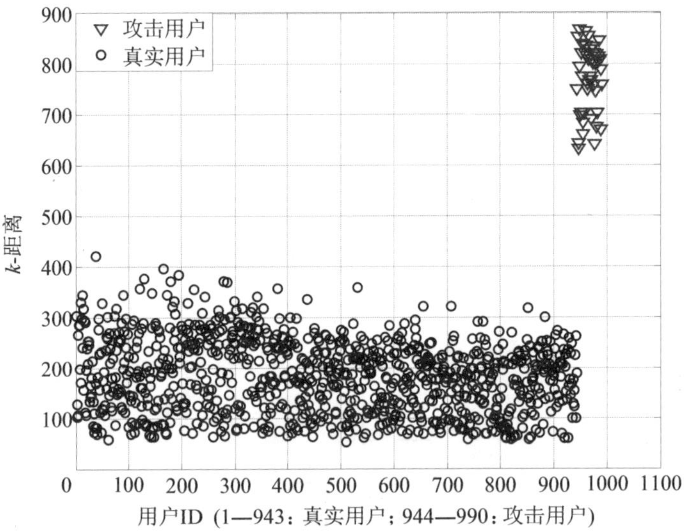

图 2-2 用户的 *k*-距离

根据以上分析，本节提出一种基于 k-距离的用户可疑度（User Suspicion Degree Based on k-Distance，USD）计算方法，用来对系统中每个用户进行可疑性评估，并给出是攻击用户的可能性大小。将用户集合 U 看作一个数据集，将用户看作数据集中的对象，给出以下用户可疑度计算公式。

定义 2.3　用户可疑度。对任意用户 $u \in U$，其 k-距离为 $k\_dist(u)$，则该用户的可疑度 S_u 的计算方法如式(2-5)：

$$S_u = \frac{e^{\beta} - 1}{\alpha} \tag{2-5}$$

$$\beta = \frac{k\_dist(u) - min_{k\_dist}}{max_{k\_dist} - min_{k\_dist}} \tag{2-6}$$

其中，α 表示常数；β 表示进行规范化处理后的用户 u 的 k-距离；，max_{k_dist} 表示所有用户 k-距离的最大值；min_{k_dist} 表示所有用户 k-距离的最小值。

对于式(2-5) 中参数 α 的具体取值，我们给出下面的理论分析依据。

由式(2-5) 可知，$\beta \in [0,1]$，$S_u \in [0,1]$，所以 $0 \leqslant (e^{\beta} - 1)/\alpha \leqslant 1$，可知 $e^{\beta} - 1 \geqslant 0$，$\alpha > 0$。令 $f(\beta) = e^{\beta} - 1$，$f'(\beta) = e^{\beta} > 0$，所以函数 $f(\beta)$ 是单调递增的，即 $0 \leqslant (e^{\beta} - 1) \leqslant \alpha$。又因为 $\beta \in [0,1]$，所以 $0 = e^0 - 1 \leqslant e^{\beta} - 1 \leqslant e^1 - 1 = 1.7138$，即 $\alpha \geqslant e^{\beta} - 1$，$\alpha \geqslant 1.7183$。$\alpha$ 的取值以 1.7183 为下限。接下来通过图 2-3更直观地说明 α 的取值以 1.7183 为最优。

图 2-3 说明了在参数 α 的 6 种取值情况下，某一用户 u 的可疑度$S_u(\beta)$ 随着 β 的变化情况。当自变量变化 $\Delta\beta$ 相同时，函数的增量 $\Delta S_u(\beta)$ 依次递减。

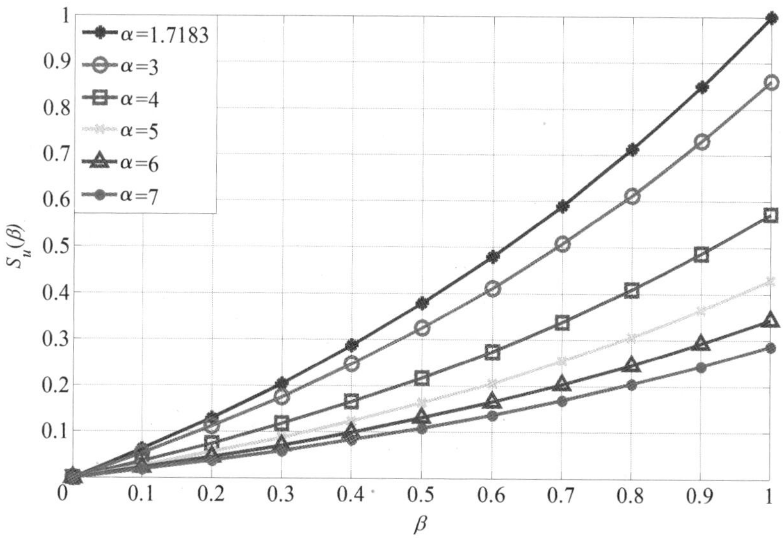

图 2-3　α 取不同值时的 $S_u(\beta)$ 的曲线变化

因此，在 α 的取值是 1.7183 时，随着 β 的增大，可疑度 $S_u(\beta)$ 的变化越发显著。

式(2-6) 中，在计算用户 u 的 k-距离时，需要计算用户 u 和系统中其他用户的距离。本书采用欧式距离计算方法，根据用户概貌计算用户间距离。

定义 2.4 用户间距离。对任意用户 $u \in U$ 和 $v \in U$，二者的评分项目集合分别用 $R(u)$ 和 $R(v)$ 表示，共同评分项目集合用 $I(u,v)$ 表示，则两个用户间距离的计算方法如式(2-7)：

$$dist(u,v) = \begin{cases} (|R(u)|+|R(v)|)\sqrt{\sum_{i=1}^{n}(r_{ui}-r_{vi})^2}, & R(u)\cap R(v) = \varnothing \\ \dfrac{(|R(u)|+|R(v)|)}{|I(u,v)|}\sqrt{\sum_{i=1}^{n}(r_{ui}-r_{vi})^2}, & R(u)\cap R(v) \neq \varnothing \end{cases} \tag{2-7}$$

式(2-5) 提出的用户可疑度计算公式是根据指数函数形式构造得出的，能进一步处理用户的 k-距离，该公式可以对真实用户赋予较小的可疑度值，对攻击用户赋予较大的可疑度值。基于上述相关定义以及分析，对任意用户 $u \in U$，要计算其可疑度：首先计算出数据集中每一个用户的 k-距离，然后找出所有用户 k-距离中的最大值和最小值，最后根据式(2-5) 求得用户 u 的可疑度。根据上述思想，给出用户可疑度计算的算法描述，见算法 2-1。

算法 2-1 用户可疑度计算算法 USD

输入：近邻数目 k，用户-项目评分矩阵 $\boldsymbol{R}$；

输出：用户可疑度集合 S_{degree}。

Begin

$T \leftarrow \varnothing$，$L \leftarrow \varnothing$，$S_{\text{degree}} \leftarrow \varnothing$；

for each $u_a \in U$ **do**

  for each $u_t \in U$ and $u_t \neq u_a$ **do**

    $T \leftarrow dist(u_a, u_t)$； //利用式(2-7) 计算用户间距离

  end for

  对 T 中的用户距离按从小到大进行排序；

  $k\_dist(u_a) \leftarrow$ 取 T 中第 k 个距离作为用户 u_a 的 k-距离；

  $L \leftarrow L \cup k\_dis(u_a)$；

end for

$min_{k\_dist} \leftarrow min(L)$；

11： $max_{k\_dist} \leftarrow max(L)$；

12： **for** each $u \in U$ **do**

13： $\beta \leftarrow (k\_dist(u) - min_{k\_dist}) / (max_{k\_dist} - min_{k\_dist})$；

14： $S_u \leftarrow (e^{\beta} - 1) / \alpha$；

15： $S_{\text{degree}} \leftarrow S_{\text{degree}} \cup S_u$；

16： **end for**

17： **return** S_{degree}；

End

算法 2-1 可分为四个部分：第一部分为行 1，执行变量的初始化操作；第二部分为行 2 ~9，求得所有用户的 k-距离，存放到集合 L 中；第三部分为行 10 ~11，根据第二部分求得的用户 k-距离集合 L 求出所有用户 k-距离的最小值 min_{k_dist}和最大值 max_{k_dist}；第四部分为行 12 ~17，根据第二部分和第三部分的结果计算全体用户的可疑度，存放到集合 S_{degree}中并返回。

算法 2-1 的时间复杂度分析：第 1 行变量初始化和第 17 行返回结果操作均可在常数时间内完成；第 2 ~9 行的时间复杂度主要取决于用户间距离的计算，复杂度为 $O(|U|^2 \times |I|)$，其中 $|U|$和 $|I|$分别表示系统中的用户数目和项目数目；第 10 行和 11 行的复杂度均为 $O(|U|)$；第 12 ~16 行的时间复杂度为$O(|U|)$。因此，算法 2-1 的时间复杂度为 $O(|U|^2 \times |I|)$。

2.5 融合用户可疑度和项目类别信息的缺失值填充

在系统推荐过程中，用户评分数据的高稀疏性给目标用户获取兴趣相似的邻居带来很大的影响。本书利用缺失值填充的方式来缓解用户评分稀疏性的问题。考虑到填充过程中攻击数据带来的影响，基于用户对项目的评分数据和 2.4 节给出的用户可疑度计算方法，本节提出一种融合用户可疑度和项目类别信息的缺失值填充方法（Missing Value Imputation Method Based on User Suspicion Degree and Item Category Information，MVI_SDIC）。

在推荐系统中，项目通常具有类别信息，例如，MovieLens 数据集中定义了喜剧、动画、冒险、动作及未知等 19 种电影类别信息。某一部电影可以属于其中的一种或多种类型，也可以是未知类型。对某一用户来说，如果他喜欢冒险类型的电影，习惯上会给这一系列的影片打相似的较高分数。同理，对不喜欢或喜欢程度较低的电影，用户会打相似的较低分数。因此，对同一用户来说，对相同类别项目的打分情况基本相似。

基于以上分析，对用户 u 的未评分项目 j 来说，如果要对该项目进行评分填充，首先应该找到与项目 j 类别相同并且被用户 u 进行评分的项目集合 I_u^j，计算方法如式(2-8)：

$$I_u^j = \left\{ i \,\middle|\, r_{ui} \neq 0,\ i \in I, Attribute(i,j) = 1 \right\} \tag{2-8}$$

$$Attribute(i,j) = \begin{cases} 1 & 项目\ i\ 和\ j\ 属性相同 \\ 0 & 项目\ i\ 和\ j\ 属性不同 \end{cases} \tag{2-9}$$

然后再分别计算项目 j 与集合 I_u^j 里的其他项目之间的相似度，最后取相似度较高的项目作为项目 j 的近邻集合 $\tilde{I}_u^j$。计算方法如式(2-10)：

$$\tilde{I}_u^j = \left\{ k \,\middle|\, sim_{jk} > \alpha,\ k \in I_u^j,\ k \neq j \right\} \tag{2-10}$$

$$sim_{jk} = \frac{\sum_{u \in U_{jk}} (r_{uj} - \bar{r}_j) \times (r_{uk} - \bar{r}_k)}{\sqrt{\sum_{u \in U_{jk}} (r_{uj} - \bar{r}_j)^2} \times \sqrt{\sum_{u \in U_{jk}} (r_{uk} - \bar{r}_k)^2}} \tag{2-11}$$

其中，U_{jk} 表示对项目 j 和项目 k 都有评分的用户集合；α 表示项目相似度阈值。

最后得到集合 $\tilde{I}_u^j$，利用基于项目评分预测的计算方法求得用户 u 对项目 j 的填充评分 $\tilde{r}_{uj}$。计算方法如式(2-12)：

$$\tilde{r}_{uj} = \bar{r}_j + \frac{\sum_{i \in \tilde{I}_u^j} (r_{ui} - \bar{r}_i) \times sim_{ji}}{\sum_{i \in \tilde{I}_u^j} |sim_{ji}|} \tag{2-12}$$

但是，在系统中被注入攻击概貌，且项目 j 是攻击项目的情况下，式(2-12)中关于项目 j 的平均评分 $\bar{r}_j$ 的值会偏大，采取此数据填充方式会使计算出来的用户 u 对项目 j 的填充评分 $\tilde{r}_{uj}$ 也偏大，最终会导致系统的推荐结果产生偏差。鉴于这种情况，在进行评分矩阵缺失值填充之前，先根据算法 2-1 计算出每个用户的可疑度，然后对可疑用户进行标识。在进行缺失评分的计算过程中，排除掉可疑用户的评分，降低攻击概貌对缺失评分填充的影响。因此，将式(2-12)进行改进，得到式(2-13)所示的缺失值填充计算公式：

$$\tilde{r}'_{uj} = \frac{1}{|U_j|} \times \left(\sum_{v \in U_j} r_{vj} \right) + \frac{\sum_{i \in \tilde{I}_u^j} (r_{ui} - \bar{r}_i) \times sim_{ji}}{\sum_{i \in \tilde{I}_u^j} |sim_{ji}|} \tag{2-13}$$

$$U_j = \left\{ v \,\middle|\, S_{\text{degree}}(v) < \beta,\ r_{vj} \neq 0,\ v \in U \right\} \tag{2-14}$$

其中，$S_{\text{degree}}(v)$ 表示用户 v 的可疑度；β 表示判定用户是攻击用户的可疑度阈值；U_j 表示对项目 j 进行评分的非攻击用户集合。

基于以上分析，给出缺失值填充算法 MVI_SDIC 的描述，见算法 2-2。

算法 2-2 缺失值填充算法 MVI_SDIC

输入：用户-项目评分矩阵 $\boldsymbol{R}$，用户可疑度集合 S_{degree}，可疑度阈值 β，相似度阈值 α；

输出：用户 u 对未评分项目 j 的填充评分 $\tilde{r}'_{uj}$。

```
Begin
I_u^j←Ø, Ĩ_u^j←Ø, U_j←Ø;
for each item i ∈ I do
    if r_ui ≠ 0 and j ≠ i then
        if Attribute(j,i) = 1 then
            I_u^j←I_u^j ∪ i;
        end if
    end if
end for
if I_u^j ≠ Ø then
    for each item l ∈ I_u^j do
        if (similarity(j,l) > α) then
            Ĩ_u^j←Ĩ_u^j ∪ l;
        end if
    end for
    for each user v ∈ U and v ≠ u do
        if r_vj ≠ 0 then
            S_v←S_degree(v);
            if S_v < β then
                U_j←U_j ∪ v;
            end if
        end if
    end for
    r̃'_uj←predict_MVI_SDIC (u, j, U_j, Ĩ_u^j); //计算用户 u 对项目 j 的填充评分
end if
return r̃'_uj;
End
```

算法 2-2 可分为五个部分：第一部分为行 1，执行变量的初始化操作；第二部分为行 2～8，选取与被填充项目 j 属性相同并且被填充用户 u 进行评分的项目集合 I_u^j；第三部分为行 10～14，从集合 I_u^j 中选取被填充项目 j 的近邻集合 $\tilde{I}_u^j$；第四部分为行 15～22，选取对项目 j 进行评分的非攻击用户集合 U_j；第五部分为行 23～25，根据式(2-13)计算用户 u 对项目 j 的填充评分 $\tilde{r}'_{uj}$ 并返回。

算法 2-2 的时间复杂度分析：第 1 行变量初始化和第 25 行返回结果操作均可在常数时间内完成；第 2～8 行的操作需要将被填充项目与每个项目都进行比较，所以时间复杂度为 $O(|I|)$，其中 $|I|$ 为系统中的项目个数；第 10～14 行的时间复杂度取决于项目之间的相似度计算，所以时间复杂度为 $O(|I_u^j| \times |U|)$，其中 $|I_u^j|$ 为与项目 j 属性相同并且被用户 u 进行评分的项目个数，$|U|$ 为用户个数；第 15～22 行的时间复杂度为 $O(|U|)$；第 23 行的时间复杂度为 $O(|\tilde{I}_u^j| \times |U|)$，其中 $|\tilde{I}_u^j|$ 为项目 j 最近邻居个数。因为 $|I_u^j| \gg |\tilde{I}_u^j|$，所以算法 2-2 的时间复杂度为 $O(|I_u^j| \times |U|)$。

2.6　鲁棒推荐算法

针对基于用户的推荐算法邻居选取可靠性不高的问题，基于 2.4 节提出的用户可疑度计算方法和 2.5 节提出的缺失值填充方法，结合传统的基于用户的推荐模型，设计一种基于 k-距离和项目类别信息的鲁棒推荐算法（Robust Recommendation Algorithm Based on k-Distance and Item Category Information, RRA-KICI）。算法的整体框架如图 2-4 所示。

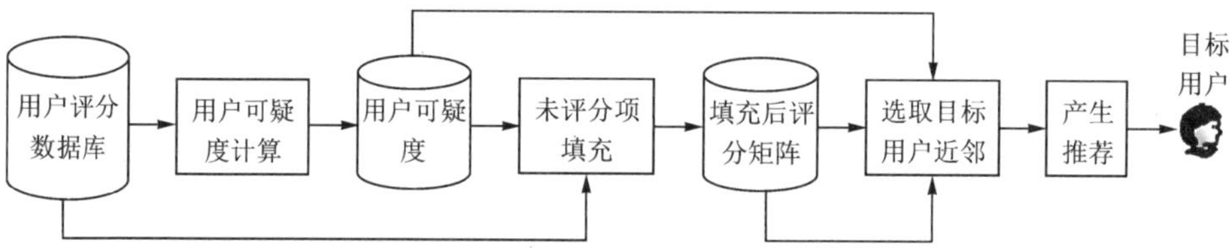

图 2-4　鲁棒推荐算法 RRA-KICI 框架图

从图 2-4 可以看出，算法 RRA-KICI 的核心思想为：

首先基于原始用户-项目评分矩阵 $\boldsymbol{R}$ 进行用户可疑度计算，并对 $\boldsymbol{R}$ 进行缺失值填充；

然后基于填充后的评分矩阵，按照 $sim_{uv} \times (1 - S_{\text{degree}}(v))$ 的值从大到小对推荐用户进行排序，选取前 t 个用户作为目标用户的可靠邻居；

最后根据可靠邻居的评分信息，利用式(2-15)计算目标用户 u 对项目 i 的预测评分：

$$\hat{r}_{ui}=\bar{r}_u+\frac{\sum_{v\in \tilde{R}(u)}(r_{vi}-\bar{r}_v)\times(sim_{uv}\times(1-S_{\text{degree}}(v)))}{\sum_{v\in \tilde{R}(u)}\left|(sim_{uv}\times(1-S_{\text{degree}}(v)))\right|} \tag{2-15}$$

其中，$\tilde{R}(u)$ 表示目标用户 u 的最近邻居集合；$\bar{r}_v$ 表示用户 v 的平均评分；sim_{uv} 表示用户 u 和用户 v 之间的相似度；$S_{\text{degree}}(v)$ 表示用户 v 的可疑度。

对于用户 u 的任意一个近邻 v，如果其可疑度比较大，通过 $sim_{uv}\times(1-S_{\text{degree}}(v))$ 能够降低邻居 v 与目标用户 u 的相似程度。可见，将用户相似度和可疑度共同作为选取邻居的依据，能够提高最近邻居选取的可靠性，减少攻击概貌对推荐结果的影响，实现对目标用户的鲁棒推荐。算法 RRA-KICI 的描述见算法 2-3。

算法 2-3　鲁棒推荐算法 RRA-KICI

输入：用户-项目评分矩阵 $\boldsymbol{R}$，目标用户近邻数目 k，可疑度阈值 β，相似度阈值 α；

输出：目标用户 u 对项目 i 的预测评分 $\hat{r}_{ui}$。

Begin

$C\leftarrow\varnothing$; $\tilde{R}(u)\leftarrow\varnothing$;

$S_{\text{degree}}\leftarrow\text{USD}(k,\boldsymbol{R})$;　　//计算所有用户的可疑度

for each user $v\in U$ **do**

　　for each item $j\in I$ **do**

　　　　if $r_{vj}=0$ **then**

　　　　　　$\tilde{r}'_{vj}\leftarrow\text{MVI\_SDIC}(v,j,R,S_{\text{degree}},\beta,\alpha)$;//对缺失值进行填充

　　　　end if

　　end for

end for

for each user $v\in U$ **do**

　　if *user* $u\neq v$ and $\tilde{r}_{vi}\neq 0$ **then**

　　　　$sim_{uv}\leftarrow similarity(u,v)$;

　　　　$c_{uv}\leftarrow sim_{uv}\times(1-S_{\text{degree}}(v))$;

　　　　$C\leftarrow C\cup c_{uv}$;

　　end if

end for

17：将 C 中的值按照从大到小进行排序；

18：$\tilde{R}(u) \leftarrow$ 取 C 中前 t 个值对应的用户作为目标用户 u 的最近邻居；

19：$\hat{r}_{ui} \leftarrow predict_{\text{RRA-KICI}}(u, i, R(u), S_{\text{degree}})$；　//计算用户 u 对项目 i 的预测评分

20：**return** $\hat{r}_{ui}$；

End

算法2-3可分为四个部分：第一部分为行1，执行变量的初始化操作；第二部分为行2，计算全体用户的可疑度；第三部分为行3～9，对原始评分矩阵的缺失值进行填充；第四部分为行10～20，为目标用户选取可靠近邻，根据可靠近邻的评分计算目标用户 u 对项目 i 的预测评分 $\hat{r}_{ui}$ 并返回。

算法2-3的时间复杂度分析：第1行变量初始化和第20行返回结果操作均可在常数时间内完成；第2行计算所有用户的可疑度，根据算法2-1，可知时间复杂度为 $O(|U|^2 \times |I|)$；第3～9行对缺失的用户评分进行填充，根据算法2-2，可知最坏情况下时间复杂度为 $O(|U|^2 \times |I| \times |I_u^j|)$；第10～16行最坏情况下的时间复杂度为 $O(|U| \times |I|)$；第17行的时间复杂度为 $O(|C|^2)$，$|C|$ 为对目标项目进行评分的用户数目；第18行的操作可在常数时间内完成；第19行的时间复杂度为 $O(|C|)$。因为 $|C| \ll |U|$，所以算法2-3的时间复杂度为 $O(|U|^2 \times |I| \times |I_u^j|)$。

2.7　本章小结

针对基于用户的协同过滤推荐算法近邻选取可靠性不高的问题，本章提出了一种基于 k-距离和项目类别信息的鲁棒推荐方法。结合基于距离的离群点检测思想，给出了一种基于 k-距离的用户可疑度计算方法。将用户可疑度和项目类别信息进行结合构建一种缺失值填充方法，解决了攻击概貌存在情况下的数据稀疏性问题。将用户可疑度和相似度共同作为目标用户最近邻居选取的依据，提高邻居选取的可靠性，以此来降低攻击概貌的影响，增强算法的鲁棒性。

第3章 基于可疑用户度量和多维信任的鲁棒推荐方法

为了进一步提高基于用户的协同过滤推荐算法的准确性，人们根据信任度为目标用户选取邻居。然而，现有信任计算模型并没有考虑攻击概貌存在的情况，所以信任度计算并不准确。针对该问题，本章提出一种可靠多维信任计算模型，将其与传统的基于用户的推荐模型相结合，为目标用户选取可靠近邻，提高推荐精度[99]。

3.1 引 言

传统的基于用户的协同过滤推荐算法仅凭借用户间的相似度为目标用户选取邻居，准确性不高。因此，人们从信任的角度出发，提出了多种信任计算模型以计算用户间的信任度，并根据信任度为目标用户选取可靠邻居，以此来实现准确的推荐。但是，现有的信任计算模型在计算用户间信任度的时候并未考虑攻击概貌的存在，容易导致系统的推荐结果产生偏差。因此，在攻击概貌存在情况下，如何保障用户间信任度计算的准确性，使系统具有较高的推荐质量是一个需要解决的关键问题。

针对以上提出的问题，本章首先根据用户概貌特征训练相关向量机分类器，基于相关向量机能进行概率输出的特点，对系统中的用户进行可疑性度量；然后，基于用户对项目的评分数据，充分挖掘用户之间的隐式信任关系，并融合用户可疑性信息构建可靠多维信任计算模型，实现用户间信任度的可靠计算；最后，将可靠多维信任模型和传统的基于用户的推荐模型相结合，通过用户间信任度为目标用户选取可靠邻居，提高系统的鲁棒性和推荐精度。

3.2 相关向量机

相关向量机（Relevance Vector Machine，RVM）是在 2000 年由 Tipping 提出的一种基于贝叶斯理论框架的机器学习技术，与支持向量机一样，它也是基于核函数映射将低维空间的非线性问题转换为高维空间的线性问题[100-102]。相比 SVM 来说，RVM 具有以下优势：核函数的选择不受 Mercer 条件的限制；不需要通过交叉验证等方法获取参数；泛化能力更好；相关向量少，模型更加稀疏；能够给出概率性的预测，便于分析问题的不确定性。

对于二元分类问题，给定训练的样本数据集合$\{(x_i, t_i), i=1,2,\cdots,N\}$，其中，$N$ 表示样本的个数，对应的目标输出 $t_i \in \{0,1\}$，0 和 1 分别表示两类样本的类别标号。RVM 的预测模型将线性组合 $y(x)$ 通过 Sigmoid 函数映射到区间 $(0,1)$ 内进行类别的判定，具体如式(3-1)：

$$\sigma(y)=\frac{1}{1+\mathrm{e}^{-y}} \tag{3-1}$$

其中，$y(x)$ 表示权向量和非线性核函数的线性组合，如式(3-2)：

$$y(\boldsymbol{x}) = \sum_{i=1}^{N} w_i k(\boldsymbol{x},\boldsymbol{x}_i) \tag{3-2}$$

其中，$k(\boldsymbol{x},\boldsymbol{x}_i)$ 表示非线性核函数；w_i表示权重。

假设样本独立且同分布，并且 $p(t|\cdot)$ 服从贝努利分布，则整个样本集的似然函数可以表示为式(3-3)：

$$p(\boldsymbol{t}|\boldsymbol{w}) = \prod_{i=1}^{N}\sigma\{y(\boldsymbol{x}_i;\boldsymbol{w})\}^{t_i}[1-\sigma\{y(\boldsymbol{x}_i;\boldsymbol{w})\}]^{1-t_i} \tag{3-3}$$

如果式(3-3)采用最大似然估计方法进行求解，则可能会产生过拟合的问题。为了避免这种情况，RVM 假设参数 w_i服从均值为 0、方差为 α_i^{-1} 的高斯条件概率分布，具体如式(3-4)：

$$p(\boldsymbol{w}|\boldsymbol{\alpha}) = \prod_{i=1}^{N} N(w_i|0,\ \alpha_i^{-1}) \tag{3-4}$$

其中，$\boldsymbol{\alpha}$ 表示超参数向量，它决定权值向量 $\boldsymbol{w}$ 的先验分布和控制每个权值允许其偏离零均值的程度。

根据贝叶斯理论，已知样本集的似然分布和权值的先验概率分布情况，则模型参数的后验概率如式(3-5)：

$$p(\boldsymbol{w},\boldsymbol{\alpha}|t)=p(\boldsymbol{w}|\boldsymbol{t},\boldsymbol{\alpha})p(\boldsymbol{\alpha}|\boldsymbol{t}) \tag{3-5}$$

对于待测样本 x_*，相应输出 t_* 的预测分布表示为式(3-6)：

$$p(t_*|t) = \int p(t_*|\boldsymbol{w},\boldsymbol{\alpha})p(\boldsymbol{w}|\boldsymbol{t},\boldsymbol{\alpha})p(\boldsymbol{\alpha},|\boldsymbol{t})\,\mathrm{d}\boldsymbol{w}\mathrm{d}\boldsymbol{\alpha} \tag{3-6}$$

式(3-6)中，权重后验概率 $p(\boldsymbol{w}|\boldsymbol{t},\boldsymbol{\alpha})$ 和边缘似然函数 $p(\boldsymbol{\alpha}|\boldsymbol{t})$ 不能通过积分直接进行求解，所以采用 Mackay[103] 提出的 Laplace 方法进行逼近。

3.3 基于相关向量机的可疑用户度量

在推荐系统中，一些商家在个人利益驱动下人为地向系统中注入一些恶意用户概貌，导致系统中存在真实概貌和攻击概貌两种形式，因此可以将其看作二分类问题。在攻击检测领域，人们常用的一种检测方法是通过训练分类器来区分真实概貌和攻击概貌。借鉴攻击检测的这种思想，基于相关向量机能够实现概率输出的特点，本节提出了基于相关向量机的可疑用户度量（Suspicious Users Measurement Based on RVM，SUM_RVM）方法。从图3-1可以看出，SUM_RVM度量方法包括相关向量机分类器训练过程和可疑用户度量过程两个阶段。

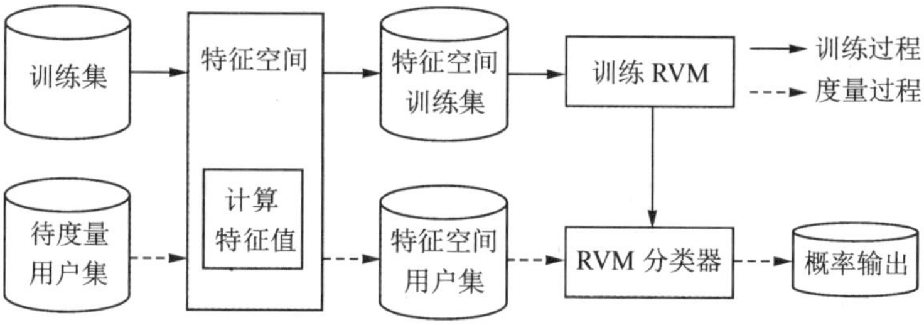

图3-1 基于相关向量机的可疑用户度量框架图

第一阶段为RVM分类器训练阶段。该阶段的基本设置主要包括样本数据的选取、特征变量的选取和核函数及参数的选取这三部分内容。

（1）样本数据的选取。

在训练过程中，将推荐系统中的用户对项目的评分数据作为样本数据的来源，训练集中需要包含真实概貌和攻击概貌两类样本，真实概貌样本类别标签设为0，攻击概貌样本类别标签设为1。

（2）特征变量的选取。

采用文献［104-106］中提出的关于推荐攻击的10个用户概貌特征，分为通用特征和专用特征两类。通用特征包括：加权平均评分偏离度（Weighted Deviation from Mean Agreement，WDMA）、平均评分偏离度（Rating Deviation from Mean Agreement，RDMA）、加权评分偏离度（Weighted Degree of Agreement，WDA）、长度变量（Length Variance，LengthVar）、近邻相似度（Degree of Similarity with Top Neighbors，DegSim）和带约束的近邻相似度DegSim′；专

用特征包括：填充项平均方差（Filler Mean Variance，FMV）、填充项平均相关度（Filler Average Correlation，FAC）、填充项平均差异度（Filler Mean Difference，FMD）和概貌偏离度（Profile Variance，PV）。

（3）核函数及参数的选取。

核函数能够将低维空间线性不可分的模式映射到高维特征空间实现线性可分，由于 RVM 的核函数不要求满足 Mercer 条件，因此选择更加自由。核函数的种类主要包括：线性核函数、多项式核函数、Sigmoid 核函数、Spline 核函数以及高斯径向基核函数（RBF，Radius Basis Function）。其中高斯径向基核函数所对应的特征空间是无穷维的，并且有限样本在该特征空间中是线性可分的，所以也是被广泛使用的一种核函数。本书选择高斯径向基核函数作为 RVM 的核函数，表达式如式（3-7）：

$$k(x, x') = \exp\left(-\frac{\|x, x'\|}{\sigma^2}\right) \tag{3-7}$$

其中，σ 表示控制核函数带宽的参数，本书取值 0.5。

基于以上三个方面的基本设置，将训练样本集表示为特征向量的形式，完成用户概貌从原始样本空间到特征空间的映射，然后用特征向量组成的训练集来训练相关向量机生成 RVM 分类器。

第二阶段为可疑用户度量阶段。首先将待度量用户概貌集根据第一阶段提到的 10 个概貌特征映射到高维特征空间，得到由特征向量组成的待度量用户概貌集；然后利用已训练好的 RVM 分类器实现用户所属类别预测概率的输出，将输出的预测概率定义为用户可疑度，预测概率越大，表示用户可疑度越大。

基于以上两个阶段的分析，给出基于相关向量机的可疑用户度量算法 SUM_RVM 的描述，见算法 3-1。

算法 3-1　算法 SUM_RVM

输入：待度量用户概貌集 $User_{set}$；

输出：用户可疑度度量结果 $Susdegree_{set}$。

Begin

$Feature\_Userprofile_{Userset} \leftarrow \emptyset$，$Susdegree_{set} \leftarrow \emptyset$；

for each $Userprofile \in User_{set}$ **do**

　　$V_{Userprofile} \leftarrow Feature_{\mathrm{extract}}(Userprofile)$；//对概貌进行特征提取

　　$Feature\_Userprofile_{Userset} \leftarrow Feature\_Userprofile_{Userset} \cup V_{Userprofile}$；

end for

6： **for** each $V_{Userprofile} \in Feature\_Userprofile_{Userset}$ **do**

7： $Susdegree \leftarrow RVM\_Classifier(V_{Userprofile})$； //输出预测概率

8： $Susdegree_{set} \leftarrow Susdegree_{set} \cup V_{Userprofile}$；

9： **end for**

10： **return** $Susdegree_{set}$；

End

算法3-1可分为三个部分：第一部分为行1，执行变量初始化操作；第二部分为行2～5，对待度量用户概貌集 $User_{set}$ 进行特征提取，将得到的对应的特征向量存放到集合 $Feature\_Userprofile_{Userset}$ 中；第三部分为行6～10，根据待度量用户概貌的特征向量集合 $Feature\_Userprofile_{Userset}$，利用相关向量机分类器对待度量用户进行可疑性度量，并将度量结果 $Susdegree_{set}$ 返回。

算法3-1时间复杂性分析：第1行变量初始化和第10行返回结果的操作均可在常数时间内完成；第2～5行对待度量用户集中每个用户概貌进行特征提取，时间复杂度为 $O(|User_{set}|)$，$|User_{set}|$ 表示待度量用户概貌集中的概貌数目；第6～10行进行用户可疑性度量，其时间复杂度为 $O(|Feature\_Userprofile_{Userset}|)$，$|Feature\_Userprofile_{Userset}|$ 表示待度量用户概貌特征集合中的概貌数目。因此，在 $|Feature\_Userprofile_{Userset}| = |User_{set}|$ 条件下，算法3-1的时间复杂度为 $O(|User_{set}|)$。

3.4 可靠多维信任模型

传统的基于用户的协同过滤推荐算法是根据用户间相似度为目标用户寻找最近邻居来完成推荐。然而，单凭相似度为目标用户选取最近邻居存在以下问题：一是相似度只能从一个角度反映出目标用户和推荐用户之间的关系，选取邻居的依据过于单一化；由于评分数据的极端稀疏性，导致用户间的相似度计算不准确。二是当系统中被注入攻击概貌时，由于攻击用户和真实用户的高度相似性，极有可能成为目标用户的最近邻居。可见，基于相似度为目标用户选取近邻容易导致算法的鲁棒性和推荐精度不高[107]。因此，本节基于用户对项目的评分数据，分别从用户评分的权威性、客观性和相似性三方面信任属性充分挖掘用户之间的隐式信任关系，并将基于相关向量机分类器得到的用户可疑度作为信任属性的权重因子，降低攻击用户在推荐过程中的可信度，提出一种可靠多维信任计算模型，更好地度量用户间信任度。

3.4.1 信任属性的挖掘

面对大量的商品信息，人们在选择某件商品的时候，通常会寻求权威人士的帮助，希望能得到中肯的指导意见。所谓权威人士，是指在商品推荐方面具有丰富的经验，能够帮助他人做出合理购买决策的相关人员。因此，我们定义用户评分权威性这个用户信任属性。

定义 3.1 权威性（Authority）。权威性是指用户对项目能做出准确预测的能力。假设用户 $v \in U$，其评分项目集合用 I_v 表示，对任一项目 $i \in I_v$，系统中对项目 i 进行评分的用户集合表示为 $U_i = \{c \mid c \neq v, c \in U, r_{ci} \neq 0\}$，则用户 v 的评分权威性 $A(v)$ 的计算方法如式（3-8）：

$$A(v) = \frac{\sum_{i \in I_v} Trust\_item(v, i)}{|I_v|} \times (1 - sus\_degree(v)) \tag{3-8}$$

$$Trust\_item(v, i) = \frac{\sum_{c \in U_i} Correct_u(c, i)}{|U_i|} \tag{3-9}$$

$$Correct_u(c, i) = \begin{cases} 1, & |\hat{r}_{ci} - r_{ci}| < \varepsilon \\ 0, & \text{其他} \end{cases} \tag{3-10}$$

其中，$\hat{r}_{ci}$ 表示将用户 v 作为目标用户 c 唯一的推荐用户得到的用户 c 对项目 i 的预测评分；r_{ci} 表示用户 c 对项目 i 的真实评分；$sus\_degree(v)$ 表示用户 v 的可疑度；参考文献［59］，本书设置 $\varepsilon = 1.8$。

推荐系统中，由于受用户自身偏好的影响，有些用户对项目的评分比其他用户偏高或偏低。所以，这些用户的评分相对项目的整体评分情况来说有一定的偏差。鉴于这种情况，提出用户评分客观性这个用户信任属性。

定义 3.2 客观性（Objectivity）。客观性是指用户对项目的评分相对整体评分的偏离程度。假设用户 $v \in U$，其评分项目集合用 I_v 表示，则用户 v 的评分客观性 $O(v)$ 计算方法如式（3-11）：

$$O(v) = \left(1 - \frac{\sum_{i \in I_v} |r_{vi} - \bar{r}_i|}{|I_v|}\right) \times (1 - sus\_degree(v)) \tag{3-11}$$

其中，r_{vi} 表示用户 v 对项目 i 的评分；$\bar{r}_i$ 表示项目 i 的平均评分；$sus\_degree(v)$ 表示用户 v 的可疑度。

定义 3.3 相似性（Similarity）。相似性是指用户间评分的相似程度。假设用户 $u \in U$，用户 $v \in U$，则二者的相似性 $S(u, v)$ 的计算方法如式（3-12）：

$$S(u,v)=\frac{\sum_{i\in I_{uv}}(r_{ui}-\bar{r}_u)(r_{vi}-\bar{r}_v)}{\sqrt{\sum_{i\in I_{uv}}(r_{ui}-\bar{r}_u)^2}\sqrt{\sum_{i\in I_{uv}}(r_{vi}-\bar{r}_v)^2}}\times(1-sus\_degree(v)) \tag{3-12}$$

其中，I_{uv}表示用户 u 和用户 v 共同评分的项目集合；$\bar{r}_u$和 $\bar{r}_v$分别表示用户 u 和用户 v 的平均评分；$sus\_degree(v)$ 表示用户 v 的可疑度。

3.4.2 可靠多维信任模型的构建

基于用户评分的权威性、客观性和相似性三个信任属性的定义，给出目标用户 u 对用户 v 的可靠多维信任模型计算方法如式(3-13)：

$$Trust_{uv}=w_{\mathrm{A}}A(v)+w_{\mathrm{O}}O(v)+w_{\mathrm{S}}S(u,v) \tag{3-13}$$

其中，w_{A}、w_{O}和 w_{S}分别表示用户评分的权威性、客观性和相似性的重要性权重。本书利用层次分析法确定这三个用户信任属性的重要性权重。

层次分析法（Analytic Hierarchy Process，AHP）[108-109]是美国运筹学家萨蒂（T. L. Saaty）教授在 20 世纪 70 年代初提出的一种层次权重决策分析方法。该方法在对复杂决策问题的本质、影响因素以及其内在关系等方面进行分析的基础上，能利用较少的定量信息使决策的思维过程数学化，为多目标、多准则或无结构特性的复杂问题提供简便的决策方法。本书提出的可靠多维信任计算模型中要确定三种用户信任属性各自所占的重要性权重，使计算得到的信任度更加准确，因此使用层次分析法进行属性权重的确定。

从用户-项目评分数据库中选取部分评分数据作为实验数据集，采取“留一法”分别实现基于上述三种用户信任属性的推荐策略，并计算各自的推荐精度、覆盖面和预测偏差。确定基于层次分析法的用户信任属性重要性权重的步骤如下：

(1) 建立层次结构模型。

将实现鲁棒推荐算法作为目标层；将推荐精度、覆盖面和预测偏差作为准则层；将基于用户评分权威性、用户评分客观性和用户评分相似性分别构建的三种推荐算法作为方案层。

(2) 构造准则层和方案层的成对比较矩阵。

成对比较矩阵表示当前层所有因素对上一层某个因素的相对重要性的比较。设当前层有 n 个因素，分别为 c_1，c_2，…，c_n，每次取 2 个因素 c_i与 c_j比较，用 a_{ij}表示 c_i与 c_j对上一层因素的影响比，则当前层的成对比较矩阵可以

表示为

$$A=(a_{ij})_{n\times n}\ (a_{ij}>0,\ a_{ji}=\frac{1}{a_{ij}},\ a_{ii}=1)$$

元素 a_{ij}的取值依据 T. L. Saaty 提出的“1 ~9 标度法”给出。

将准则层的三个因素——推荐精度、覆盖率和预测偏差——用 p_k（$k=1,2,3$）表示。首先用成对比较法比较准则层三个因素对目标层的影响，然后得到准则层的成对比较矩阵 $\boldsymbol{P}_{3\times3}$。同理，将方案层的三个因素——基于用户权威性的协同推荐算法、基于用户客观性的协同推荐算法和基于用户相似性的协同推荐算法——用 q_s（$s=1,2,3$）表示。再用成对比较法分别比较方案层 3 个因素对准则层 3 个因素的影响，得到方案层的三个成对比较矩阵 $\boldsymbol{Q}_{3\times3}^{(k)}$（$k=1,2,3$），其中 $\boldsymbol{Q}_{3\times3}^{(k)}$中的元素是方案 q_i和 q_j对于准则层因素 p_k（$k=1,2,3$）的优越性比较尺度。

(3) 计算单排序权向量并进行一致性检验。

首先计算出每个成对比较矩阵的最大特征值，并求得与其对应的特征向量；然后利用一致性指标、随机一致性指标和一致性比率进行一致性检验。如果检验通过，归一化后的特征向量即为权向量；反之，则要重新构造成对比较矩阵。

对于准则层的成对比较矩阵 $\boldsymbol{P}_{3\times3}$，求得其最大特征值 λ^q和与之对应的权向量 $\boldsymbol{w}_{3\times1}^{p}$。由此可得一致性指标 $CI=(\lambda^q-3)/(3-1)$、随机一致性指标 $RI=0.58$（查表）和一致性比率 $CR=CI/RI$。

同理，对于方案层的3 个成对比较矩阵 $\boldsymbol{Q}_{3\times3}^{(k)}$（$k=1,2,3$），求得其3 个最大特征值 λ_k^Q（$k=1,2,3$）和与之对应的权向量 $\boldsymbol{w}_{3\times1}^{Q_k}$（$k=1,2,3$）。由此可得一致性指标 $CI_k=(\lambda_k^Q-3)/(3-1)$、随机一致性指标 $RI=0.58$（查表）和一致性比率 $CR_k=CI_k/RI$。

最后，判断求得的各个成对比较矩阵的一致性比率。如果小于 0.1，则认为比较矩阵具有令人满意的一致性；否则，需要调整比较矩阵。

(4) 计算总排序权向量并做一致性检验。

前面求得方案层对准则层的权向量为 $\boldsymbol{w}_{3\times1}^{Q_k}$（$k=1,2,3$），准则层对目标层的权向量为 $\boldsymbol{w}_{3\times1}^{p}$。所以，求得方案层对目标层的权向量为 $\boldsymbol{w}=[w_1\ w_2\ w_3]^{\mathrm{T}}=[w_{3\times1}^{Q_1}w_{3\times1}^{Q_2}w_{3\times1}^{Q_3}]^{\mathrm{T}}w_{3\times1}^{P}$，其中 w_1，w_2，w_3分别表示用户评分权威性、用户评分客观性和用户评分相似性对目标层的重要性权重。最后，利用总排序一致性比率进行检验，如果通过，则可按照总排序权向量表示的结果进行决策，否则需要重新构建模型。

基于上述分析，给出用户间信任度计算（Trust Degree between Users，TDU）的算法描述，见算法3-2。

算法3-2 算法TDU

输入：用户-项目评分矩阵 $\boldsymbol{R}$，用户可疑度集合 $Susdegree_{set}$；

输出：用户 u 对用户 v 的信任度 $Trust_{uv}$。

```
Begin
1：  IS←Ø， I_v←Ø；
2：  for each i∈I do
3：      if r_vi≠φ then
4：          I_v←I_v∪i；
5：      end if
6：  end for
7：  susdegree_v←Susdegree_set（v）；   //取出用户v的可疑度
8：  for each i∈I_v do
9：      IS_i←Trust_item(v, i)；  //计算用户v对项目i的推荐权威性
10：     IS←IS∪IS_i；
11： end for
12： A(v)←authority(v, IS, susdegree_v)；  //用户评分权威性计算
13： O(v)←objectivity(v, susdegree_v)；  //用户评分客观性计算
14： S(u, v)←similarity(u, v, susdegree_v)；  //用户间评分相似性计算
15： Trust_uv←trust(A(v)，O(v)，S(u, v))；  //计算用户间信任度
16： return Trust_uv；
End
```

算法3-2可分为三个部分：第一部分为行1，执行变量初始化操作；第二部分为行2~7，找出用户 v 进行评分的项目集合 I_v 和从用户可疑度集合 $Susdegree_{set}$ 中提取用户 v 的可疑度；第三部分为行8~14，计算用户 v 的评分权威性 $A(v)$、评分客观性 $O(v)$ 及用户 u 和 v 之间的评分相似性 $S(u,v)$；第四部分为行15~16，根据第三部分求得的信任属性值计算出用户 u 对用户 v 的信任度 $Trust_{uv}$ 并返回。

算法3-2时间复杂性分析：第1行变量初始化和第16行返回结果操作均可在常数时间内完成；第2~6行求用户 v 进行评分的项目集合的时间复杂度为 $O(|I|)$，其中 $|I|$ 为系统中的项目数目；第7行提取用户 v 的可疑度操作可

在常数时间内完成；第 8 ~ 12 行计算用户 v 的评分权威性的时间复杂度为 $O(|I_v| \times |U_i|)$，其中 $|U_i|$ 表示对项目 i 进行评分的用户数目，$|I_v|$ 为用户 v 进行评分的项目数目；第 13 行计算用户 v 的评分客观性的时间复杂度为 $O(|I_v| \times |U|)$，其中 $|U|$ 为系统中的用户数目；第 14 行计算用户 u 和用户 v 之间的评分相似性的时间复杂度为 $O(|I|)$；第 15 行计算用户间信任度可在常数时间内完成。因为 $|U_i| \ll |U|$，所以算法 3-2 的时间复杂度为 $O(|I_v| \times |U|)$。

3.5 鲁棒推荐算法

针对现有的信任计算模型对用户间信任关系的度量准确性差的问题，基于 3.3 节中提出的基于相关向量机的可疑用户度量和 3.4 节中提出的可靠多维信任模型，融合传统的基于用户的协同过滤推荐技术，设计一种基于可疑用户度量和多维信任的鲁棒推荐算法（Robust Recommendation Algorithm Based on Suspicious Users Measurement and Multidimensional Trust，RRA-SUMMT），其整体框架如图 3-2 所示。

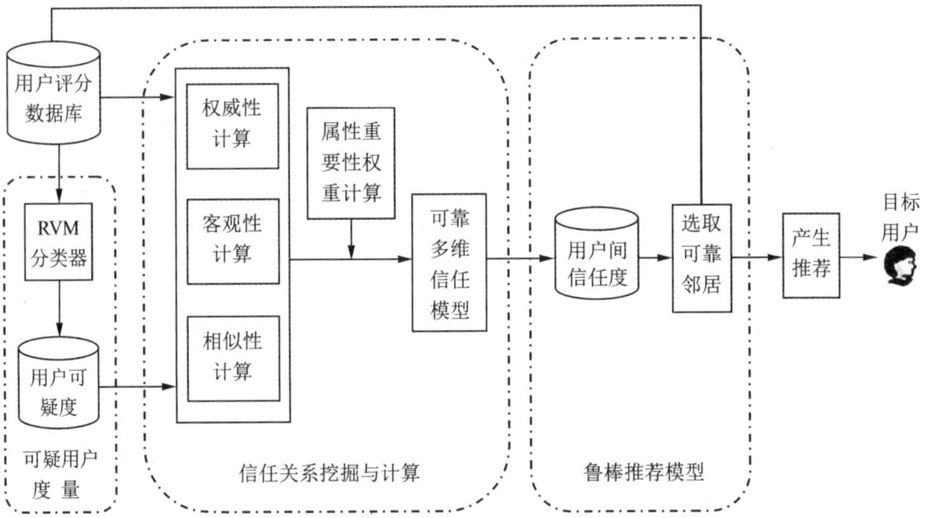

图 3-2　鲁棒推荐算法 RRA-SUMMT 框架图

从图 3-2 可以看出，算法 RRA-SUMMT 的核心思想为：

首先根据 3.3 节中提出的可疑用户度量方法计算每个用户的可疑度。

然后根据 3.4 节提出的可靠多维信任模型计算目标用户对系统中其他推荐用户的信任度；将信任度按照从大到小的顺序进行排列，选取信任度最大的前

k 个用户作为目标用户的可靠近邻集合。

最后利用可靠近邻的评分信息，根据式(3-14)所示的预测评分公式计算得到目标用户 u 对项目 i 的预测评分：

$$\hat{r}_{ui} = \bar{r}_u + \frac{\sum_{v \in R(u)} (r_{vi} - \bar{r}_v) \times Trust_{uv}}{\sum_{v \in R(u)} |Trust_{uv}|} \tag{3-14}$$

其中，$R(u)$表示目标用户 u 的可靠近邻集合，$\bar{r}_u$和 $\bar{r}_v$分别表示目标用户 u 和推荐用户 v 的平均评分，$Trust_{uv}$表示目标用户 u 对推荐用户 v 的信任度。

基于以上分析，给出基于可疑用户度量和多维信任的鲁棒推荐算法 RRA-SUMMT的描述，见算法 3-3。

算法 3-3 鲁棒推荐算法 RRA-SUMMT

输入：用户-项目评分矩阵 $\boldsymbol{R}$；

输出：目标用户 u 对项目 i 的预测评分 $\hat{r}_{ui}$。

```
Begin
1:  R(u)←Ø, T←Ø;
2:  Susdegree_set←SUM_RVM (R);
3:  for each user v∈U do
4:      Trust_uv←UTC(u, v, Susdegree_set); //计算用户 u 对用户 v 的信任度
5:      T←T∪Trust_uv;
6:  end for
7:  对 T 中的信任度按从大到小的顺序进行排序;
8:  R(u)←取 T 中信任度最大的前 k 个用户;
9:  r̂_ui←predict (u, i, R(u)); //计算目标用户 u 对项目 i 的预测评分
10: return r̂_ui;
End
```

算法 3-3 可分为四个部分：第一部分为行 1，执行变量初始化操作；第二部分为行 2，完成用户可疑度计算并存放到 $Susdegree_{set}$里；第三部分为行 3～8，主要完成目标用户 u 和其他用户的信任度计算，并根据信任度为目标用户 u 选取可靠邻居，存放到 $R(u)$中；第四部分为行 9～10，根据目标用户 u 的可靠邻居集合 $R(u)$，计算得到目标用户 u 对项目 i 的预测评分 $\hat{r}_{ui}$并输出。

算法 3-3 时间复杂性分析：第 1 行变量初始化和第 10 行返回结果操作均可在常数时间内完成；根据算法 3-2 可知，第 2 行计算用户可疑度的时间复杂度为 $O(|U|)$；第 3～6 行进行用户间信任度计算的时间复杂度为

$O(|U|^2 \times |I_v|)$；第 7 行对信任度进行排序的时间复杂度为 $O(|U|^2)$；第 8 行的操作可在常数时间内完成；第 9 行计算目标用户 u 对项目 i 的预测评分，时间复杂度为$O(|R(u)|)$。因为$|R(u)| \ll |U|$，所以算法 3-3 的时间复杂度为$O(|U|^2 \times |I_v|)$。

3.6 本章小结

针对已有信任计算模型在攻击概貌存在情况下对用户间信任关系度量不准确的问题，本章提出了基于可疑用户度量和多维信任的鲁棒推荐方法。提出了一种基于相关向量机的可疑用户度量方法，对用户的可疑程度进行度量；从用户评分权威性、客观性和相似性三个方面挖掘用户信任属性，并将可疑度作为信任属性的权重因子，提出了一种可靠多维信任模型来计算用户间信任度；将可靠多维信任模型与基于用户的推荐模型进行融合，实现了对目标用户的高质量推荐。

第4章 基于模糊核聚类和支持向量机的鲁棒推荐方法

针对基于矩阵分解的协同过滤推荐算法应对托攻击的脆弱性，本章提出一种二阶段攻击概貌检测方法，并将检测结果与基于矩阵分解的推荐模型相结合，提高算法在模型训练过程中的抗攻击能力，实现对目标用户的鲁棒推荐[110]。

4.1 引 言

基于矩阵分解的协同过滤推荐算法由于具有良好的扩展性而得到广泛应用，它利用最小二乘估计方法对用户特征矩阵和项目特征矩阵进行估计，从而实现对目标用户的推荐。但是最小二乘估计对离群点尤为敏感，所以在攻击概貌存在的情况下，算法的鲁棒性不高，导致推荐结果产生偏差。

针对以上问题，本章首先依据攻击概貌之间的高度相关特性，利用模糊核聚类方法对用户概貌进行聚类，实现攻击概貌的第一阶段检测；然后提出一种基于支持向量机的攻击概貌识别算法，在第一阶段模糊核聚类的基础上，利用支持向量机分类器对含有攻击概貌的类进行分类，实现攻击概貌的第二阶段检测；最后将攻击概貌检测结果融入矩阵分解模型，设计一种鲁棒推荐算法。

4.2 相关理论

4.2.1 基本矩阵分解技术

基本矩阵分解技术是通过一个线性模型去描述用户评分。假设存在一些潜在分类特征，用户对一个项目的评分可以表示为这个项目属于每个潜在分类特征的程度和用户对每个潜在分类特征的喜好程度的线性组合。预测评分的线性模型如式（4-1）：

$$\hat{\boldsymbol{R}} = \boldsymbol{Q}^{\mathrm{T}}\boldsymbol{P} \tag{4-1}$$

其中，$\hat{\boldsymbol{R}}$ 表示预测评分矩阵；$\boldsymbol{P} = (\boldsymbol{p}_1, \boldsymbol{p}_2, \cdots, \boldsymbol{p}_m)$ 表示 $f \times m$ 的用户特征矩阵，向量 $\boldsymbol{p}_u$（$u = 1, 2, \cdots, m$）表示用户 u 对每个潜在分类的喜好程度；$\boldsymbol{Q} = (\boldsymbol{q}_1, \boldsymbol{q}_2, \cdots, \boldsymbol{q}_n)$ 表示 $f \times n$ 的项目特征矩阵，向量 $\boldsymbol{q}_i$（$i = 1, 2, \cdots, n$）表示项目 i 属于每个潜在分类的程度；用户 u 对项目 i 的预测评分 $\hat{r}_{ui}$ 可以通过式（4-2）得到：

$$\hat{r}_{ui} = \boldsymbol{q}_i^{\mathrm{T}}\boldsymbol{p}_u \tag{4-2}$$

根据式（4-2），只要求得用户特征向量 $\boldsymbol{p}_u$ 和项目特征向量 $\boldsymbol{q}_i$，就能够计算用户 u 对项目 i 的预测评分。为了得到 $\boldsymbol{p}_u$ 和 $\boldsymbol{q}_i$，可以通过随机梯度下降来求解式（4-3）所表示的最小二乘问题：

$$(p^*, q^*) = \operatorname{argmin} \sum_{r_{ui} \neq \varphi} (r_{ui} - \boldsymbol{q}_i^{\mathrm{T}}\boldsymbol{p}_u)^2 + \lambda(\|\boldsymbol{q}_i\|^2 + \|\boldsymbol{p}_u\|^2) \tag{4-3}$$

其中 $\lambda(\|\boldsymbol{q}_i\|^2 + |\boldsymbol{p}_u\|^2)$ 是为了避免过拟合而加入的正则项，λ 为常数；$r_{ui} - \boldsymbol{q}_i^{\mathrm{T}}\boldsymbol{p}_u$ 称为残差，即观测值与回归估计值的差值，在推荐系统里即真实评分与预测评分之间的差值。结合式（4-2），将残差记为 e_{ui}，具体表示如式（4-4）：

$$e_{ui} = r_{ui} - \hat{r}_{ui} \tag{4-4}$$

其中，r_{ui} 表示真实评分；$\hat{r}_{ui}$ 表示预测评分。

4.2.2 模糊核聚类

模糊核聚类（Fuzzy Kernel Clustering，FKC）[111-114] 通过核函数将原始样本数据映射到高维特征空间，完成样本聚类。模糊核聚类方法比传统的聚类方法有较大改进，在高维特征空间中使得数据结构具有更好的可分离性，同时算法收敛速度也比较快。通常选用满足 Mercer 条件的核函数作为非线性变换，常用的有高斯核函数和多项式核函数[115]等。

设输入空间样本 $x_i \in \mathbf{R}^N$（$i = 1, 2, \cdots, k$），通过非线性映射 $\boldsymbol{\Phi}$ 将原始样本映射到高维特征空间 F，得到 $\boldsymbol{\Phi}(x_1), \boldsymbol{\Phi}(x_2), \cdots, \boldsymbol{\Phi}(x_k)$，定义模糊核聚类算法的目标函数如公式（4-5）：

$$J(\boldsymbol{H}, \boldsymbol{V}) = \sum_{i=1}^{c}\sum_{j=1}^{k} h_{ij}^{s} \|\boldsymbol{\Phi}(x_j) - \boldsymbol{\Phi}(v_i)\|^2 \tag{4-5}$$

其中，k 表示样本数目；c 表示设定划分的类别数目（$2 \leqslant c \leqslant k$）；$s$ 表示模糊控制指数（$s > 1$）；$\boldsymbol{H} = \{h_{ij}\}$，$h_{ij}$（$i = 1, 2, \cdots, c$；$j = 1, 2, \cdots, k$）表示第 j 个样本对第 i 类的隶属度，且 $0 \leqslant h_{ij} \leqslant 1$，$\sum_{i=1}^{c} h_{ij} = 1$；$\boldsymbol{V} = (v_1, v_2, \cdots, v_c)$，$v_i$（$i = 1$，

$2, \cdots, c$）表示第 i 个聚类的中心。

接下来，将式（4-5）中的$\|\Phi(x_j)-\Phi(v_i)\|^2$这一部分展开，并根据核函数公式 $K(x_1, x_2)=(\Phi(x_1)^{\mathrm{T}} \cdot \Phi(x_2))$ 对其进行核代入，得到式（4-6）：

$$\|\Phi(x_j)-\Phi(v_i)\|^2=\sum_{i=1}^{c} \sum_{j=1}^{k} u_{ij}^{m} K(x_j, x_j)+K(v_i, v_i)-2K(x_j, v_i) \tag{4-6}$$

将式（4-6）代入式（4-5），在 $\sum_{i=1}^{c} h_{ij}=1$ 的约束下，对式（4-5）进行优化，结果如式（4-7）：

$$v_i=\frac{\sum_{j=1}^{k} h_{ij}^{s} \widetilde{K}(x_j, v_i) x_j}{\sum_{j=1}^{k} h_{ij}^{s} \widetilde{K}(x_j, v_i)} \tag{4-7}$$

$$h_{ij}=\frac{\left(\frac{1}{K(x_j, x_j)+K(v_i, v_i)-2K(x_j, v_i)}\right)^{1/(s-1)}}{\sum_{t=1}^{c}\left(\frac{1}{K(x_j, x_j)+K(v_t, v_t)-2K(x_j, v_t)}\right)^{1/(s-1)}} \tag{4-8}$$

其中，对于高斯核函数来说，$\widetilde{K}(x_j, v_i)=K(x_j, v_i)$。

4.2.3 支持向量机

支持向量机 SVM（Support Vector Machine，SVM）[116-120]是一种基于统计理论的机器学习技术，在解决小样本、非线性及高维数据等实际问题中具有许多特有的优势，因此被广泛地应用于统计分类和回归分析。对于分类问题，支持向量机旨在寻找一个超平面，使得两个不同类别的数据点能落在超平面两侧，并且要求超平面两侧的空白区域能够达到最大，这样的超平面被称为最优超平面。支持向量机学习的最终目的是获得一个最优分类函数，即最优超平面，该分类函数能对数据进行有效的分类[121-122]。

给定训练样本集合 $D=\{(x_i, y_i) \mid i=1,2,\cdots,l\}$，其中，$x_i$表示输入样本，$y_i \in \{+1,-1\}$ 分别表示两类样本的类别标识，最优超平面为 $w \cdot x+b=0$。为了使样本能够分开，又要保证间隔最大，两类样本的分类问题被转化成求解式（4-9）所表示的方程问题：

$$\begin{aligned} & \min \frac{1}{2}\|w\|^2 \\ & \text{s.t.} \quad y_i[(w \cdot x_i)+b]-1 \geqslant 0,\ i=1,\cdots,l \end{aligned} \tag{4-9}$$

对于线性不可分问题，支持向量机采用某种事先选定的核函数将原始样本数据映射到一个高维特征空间，然后在高维特征空间完成最优超平面的构造。设惩罚因子 C，核函数 $K(x_i, x_j)$，引入拉格朗日函数并满足 KKT 条件（Karush-kuhn-Tucher），具体如式（4-10）：

$$L(w,b,\alpha) = \frac{1}{2}\|w^2\| - \sum_{i=1}^{l}\alpha_i\{y_i[(w\cdot x_i)+b]-1\} \tag{4-10}$$

$$\alpha_i\{y_i[(w\cdot x_i)+b]-1\}=0 \tag{4-11}$$

其中，α_i 为拉格朗日系数，并且 $\alpha_i>0$。

式（4-9）可进一步转化为对式（4-12）的求解问题：

$$\begin{aligned}&\min \frac{1}{2}\sum_{i=1}^{l}\sum_{j=1}^{l} y_i y_j \alpha_i \alpha_j K(x_i, x_j) - \sum_{i=1}^{l}\alpha_i \\ &\text{s.t.}\quad \sum_{i=1}^{l} y_i\alpha_i = 0,\ 0\leqslant \alpha_i \leqslant C,\ i=1,\cdots,l\end{aligned} \tag{4-12}$$

求得最优解为 $\boldsymbol{\alpha}^*=(\alpha_1^*, \cdots, \alpha_l^*)$，选择其中一个小于 C 的正分量 α_j^*，计算得到式（4-13）：

$$b^* = y_j - \sum_{i=1}^{l} y_i\alpha_i^* K(x_i, x_j) \tag{4-13}$$

最后求得最优分类函数如式（4-14）：

$$f(x) = \operatorname{sgn}\left(\sum_{i=1}^{l} y_i\alpha_i^* K(x_i, x) + b^*\right) \tag{4-14}$$

4.3 基于矩阵分解的协同过滤推荐系统脆弱性分析

为了说明基于矩阵分解的协同过滤推荐算法应对托攻击时的脆弱性，我们基于表 2-1 给出的评分数据来进行分析。基于矩阵分解的推荐算法首先将用户对项目的评分矩阵分解成用户特征矩阵和项目特征矩阵，然后利用二者的线性组合来预测用户对目标项目的喜好程度。令潜在分类特征 $f=5$，攻击项目为 book_6，经过训练后得到未注入攻击情况下的用户特征矩阵 $\boldsymbol{P}$ 和项目特征矩阵 $\boldsymbol{Q}$ 如下：

$$\boldsymbol{P}=\begin{pmatrix}0.5647 & 0.5057 & 0.9729 & 0.3033 & 0.4267 & 0.2478 & 0.6860\\ 0.2599 & 0.3898 & 0.6916 & 0.8459 & 0.4898 & 0.5616 & 0.5619\\ 1.0091 & 0.9472 & 0.6480 & 0.8653 & 0.9606 & 0.6985 & 0.9412\\ 0.9502 & 0.5289 & 0.6876 & 0.5634 & 0.3080 & 0.5913 & 0.4932\\ 0.5044 & 0.2231 & 0.4472 & 0.1868 & 0.2823 & 0.3885 & 0.7280\end{pmatrix}_{5\times 7}$$

$$
Q=\begin{pmatrix}
0.6262 & 0.8653 & 0.2656 & 0.7640 & 0.8561 & 0.4887\\
0.5943 & 0.8390 & 0.4420 & 0.5955 & 0.7128 & 0.4679\\
1.0852 & 0.6939 & 0.4892 & 1.2647 & 0.5284 & 0.6971\\
0.9323 & 0.5662 & 0.6435 & 0.8419 & 0.5546 & 0.3721\\
0.4111 & 0.4750 & 0.5754 & 0.4912 & 0.4974 & 0.7785
\end{pmatrix}_{5\times 6}
$$

根据上面得到的用户特征矩阵和项目特征矩阵，可以计算 Lisa 对 book_6 的预测评分为 $predict=\boldsymbol{q}_6^{\mathrm{T}}\boldsymbol{p}_1=1.8474$，其中 $\boldsymbol{q}_6^{\mathrm{T}}$ 表示目标项目 book_6 的特征向量，$\boldsymbol{p}_1$ 表示用户 Lisa 的特征向量。可见 Lisa 对 book_6 的喜好程度不高。

接下来，向系统中注入表 2-1 所列的 4 条攻击用户概貌，经过训练后得到注入攻击情况下的用户特征矩阵 $\boldsymbol{P}_{\text{Attack}}$ 和项目特征矩阵 $\boldsymbol{Q}_{\text{Attack}}$ 如下：

$$
\boldsymbol{P}_{\text{Attack}}=
\begin{pmatrix}
0.4694 & 0.2834 & 1.0207 & 0.6290 & 0.2567 & 0.1851 & 0.7340 & 1.0030 & 0.6890 & 0.2142 & 0.3887\\
0.5731 & 0.7638 & 0.7954 & 0.3680 & 0.5251 & 0.3049 & 0.7022 & 0.9273 & 0.8985 & 0.9705 & 0.6283\\
0.5720 & 0.4244 & 0.5596 & 0.5459 & 0.5570 & 0.6788 & 0.6802 & 0.9542 & 0.6811 & 0.9639 & 0.8868\\
0.5575 & 0.2722 & 0.5235 & 0.6905 & 0.5552 & 0.1588 & 0.4580 & 0.5463 & 0.5784 & 0.8138 & 0.3660\\
0.7211 & 0.8194 & 0.7125 & 0.2548 & 0.6691 & 0.7718 & 0.6232 & 0.8661 & 1.0536 & 0.2869 & 0.8384
\end{pmatrix}_{5\times 11}
$$

$$
\boldsymbol{Q}_{\text{Attack}}=\begin{pmatrix}
0.5627 & 0.9608 & 0.1771 & 0.9135 & 0.5922 & 0.6628\\
0.9602 & 0.8545 & 0.6615 & 1.1186 & 0.5371 & 1.3629\\
0.7657 & 0.5083 & 0.4851 & 1.2895 & 0.9605 & 1.1556\\
0.8546 & 0.7499 & 0.4367 & 1.0606 & 0.2684 & 0.8174\\
1.0661 & 0.3503 & 0.7910 & 1.1797 & 0.7280 & 0.9241
\end{pmatrix}_{5\times 6}
$$

根据上述注入攻击后得到的用户特征矩阵和项目特征矩阵，可以计算 Lisa 对 book_6 的预测评分为 $predict_{\text{Attack}}=\boldsymbol{q}_{\text{Attack}(6)}^{\mathrm{T}}\boldsymbol{p}_{\text{Attack}(1)}=2.8752$，可见注入的攻击将 Lisa 对 book_6 的喜好进行了改变，但是相比基于用户的推荐算法来说，喜好程度的改变不是很大，从而也说明基于模型的推荐算法的鲁棒性优于基于内存的推荐算法的鲁棒性。通过对比注入攻击前后目标项目 book_6 的特征向量 $\boldsymbol{q}_6$ 和 $\boldsymbol{q}_{\text{Attack}(6)}$ 可以看到，$\boldsymbol{q}_{\text{Attack}(6)}$ 的数值大于 $\boldsymbol{q}_6$ 的数值。由此可知，在矩阵分解过程中，项目特征向量容易受攻击概貌的影响，使得算法的鲁棒性不高。

4.4　基于模糊核聚类的攻击概貌检测

通常情况下，受生成模型的影响，攻击概貌之间会有较高的相似度。因此，根据概貌间的相似度，利用模糊核聚类方法对用户概貌进行聚类，可以将用户概貌聚为两类，一类是真实概貌的聚类，一类是包含真实概貌和攻击概貌的聚类。

设含有 m 个用户概貌的数据集合 $X=\left\{x_i \mid i=1,2,\cdots,m\right\}$，通过核函数 K 将 X 映射到高维特征空间 F，在 F 中完成用户概貌的聚类。本书采用高斯核函数 $K(x_i, x_j) = \exp\left(\frac{-\|x_i - x_j\|^2}{2\sigma^2}\right)$，其中，$\sigma$ 为高斯核函数的宽度（本书取 $\sigma=38$）。

下面给出基于模糊核聚类的攻击概貌检测（Attack Profiles Detecting Based on Fuzzy Kernel Clustering，APD_FKC）算法描述，见算法 4-1。

算法 4-1 算法 APD_FKC

输入：用户-项目评分矩阵 $\boldsymbol{R}$；

输出：用户概貌聚类结果 $\boldsymbol{C}$。

Begin

1：$c \leftarrow 2$，$s \leftarrow 2$，$t \leftarrow 0$，$\varepsilon \leftarrow 0.00001$；　　//设定聚类数目 c，模糊指数 s，任意足够小的迭代截止误差值 ε

2：Initialize the $\boldsymbol{V}_t$，$\boldsymbol{H}_t$；　　//初始化聚类中心和隶属度矩阵

3：**repeat**

4：　$\boldsymbol{V}_{t+1} \leftarrow Renew_{\text{clustercenter}}(\boldsymbol{H}_t, \boldsymbol{V}_t)$；　　//根据式（4-7）更新聚类中心

5：　$\boldsymbol{H}_{t+1} \leftarrow Renew_{\text{membership}}(\boldsymbol{V}_{t+1})$；　　//根据式（4-8）更新隶属度

6：　$t \leftarrow t+1$；

7：**until** $\|\boldsymbol{H}_{t+1} - \boldsymbol{H}_t\| < \varepsilon$

8：$\{C_1, C_2\} \leftarrow User_{\text{cluster}}(\boldsymbol{H})$；　　//根据隶属度将用户聚为两类

9：**return** $\{\boldsymbol{C}_1, \boldsymbol{C}_2\}$；

End

算法 4-1 分为三个部分：第一部分为行 1~2，执行变量初始化操作；第二部分为行 3~7，求最终的用户聚类中心矩阵 $\boldsymbol{V}$ 和用户隶属度矩阵 $\boldsymbol{H}$；第三部分为行 8~9，根据第二部分求得的用户隶属度矩阵 $\boldsymbol{H}$ 将用户概貌聚为两类并返回聚类结果 $\boldsymbol{C}_1$ 和 $\boldsymbol{C}_2$。

算法 4-1 时间复杂性分析：第 1 行变量赋值操作和第 9 行返回计算结果操作均可在单位时间内完成；第 2 行聚类中心 $\boldsymbol{V}_t$ 和 $\boldsymbol{H}_t$ 初始化操作的时间复杂度为 $O(|U|)$，$|U|$ 为系统中的用户数目；第 3 ~7 行为用户聚类中心和隶属度更新操作，假设循环次数为 loops1，其中第 4 行更新聚类中心的时间复杂度为

$O(|U|)$，第 5 行需要对每个用户的隶属度进行更新，时间复杂度为$O(|U|)$，第 6 行的操作可在单位时间内完成，则该阶段的时间复杂度为 $O(\text{loops1} \times |U|)$；第 8 行根据隶属度将用户进行聚类划分，需要对每个用户都进行判断，所以时间复杂度为 $O(|U|)$。因此，算法 4-1 的时间复杂度为 $O(\text{loops1} \times |U|)$。

4.5　基于支持向量机的攻击概貌识别

本节提出基于支持向量机的攻击概貌识别（Attack Profiles Identification Based on Support Vector Machine，API_SVM）算法。图 4-1 所示为该算法的整体框架。从图中可以看到，算法 API_SVM 由支持向量机分类器训练过程和攻击概貌的识别过程两部分构成。

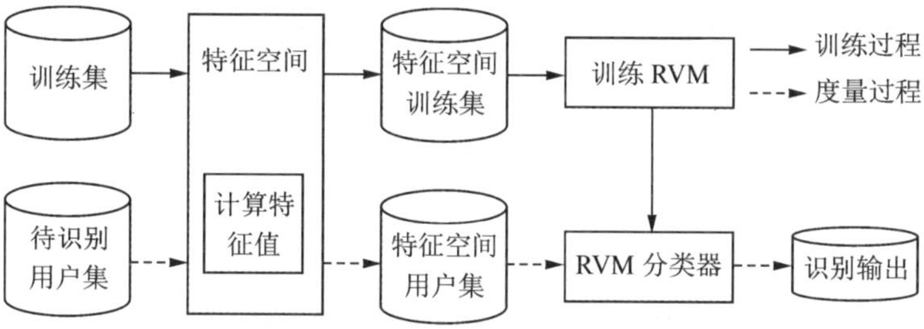

图 4-1　基于支持向量机的攻击概貌识别框架图

在训练过程中，训练集包含真实概貌和攻击概貌两类样本，真实概貌样本类别标签设置为 0，攻击概貌样本类别标签设置为 1。采用 3.3 节中提到的关于推荐攻击的 10 个用户概貌特征，将训练集样本表示为特征向量的形式，完成用户概貌从原始样本空间到特征空间的映射，然后用特征向量组成的训练集来训练支持向量机生成 SVM 分类器。

识别过程中，首先对算法 4-1 得到的聚类结果进行类别判定。根据文献［119］中提出的评分个数偏离度计算方法可知，相比真实概貌来说，攻击概貌的评分个数偏离度较小。因此，将用户概貌的评分个数偏离度的平均值较小的类作为含有攻击概貌的聚类，并将该类作为待识别用户概貌集。首先根据上面提到的 10 个用户概貌特征将待识别用户概貌映射到特征空间，得到对应的特征向量集，然后利用已训练好的 SVM 分类器进一步识别攻击概貌，排除部分真实用户概貌，得到最终的攻击概貌集合。

基于上述分析，给出基于支持向量机的攻击概貌识别算法 API_SVM 描述，见算法 4-2。

算法 4-2 算法 API_SVM

输入：待识别用户概貌集 $Userprofile_{set}$；

输出：攻击概貌集 $Attackprofile_{set}$。

Begin

1： $Feature\_Userprofile_{set} \leftarrow \emptyset$, $Attackprofile_{set} \leftarrow \emptyset$;

2： **for** each $Userprofile \in Userprofile_{set}$ **do**

3： $V_{Userprofile} \leftarrow Feature_{\mathrm{extract}}(Userprofile)$; //对概貌进行特征提取

4： $Feature\_Userprofile_{set} \leftarrow Feature\_Userprofile_{set} \cup V_{Userprofile}$;

5： **end for**

6： **for** each $V_{Userprofile} \in Feature\_Userprofile_{set}$ **do**

7： $predictresult \leftarrow SVM\_Classifier(V_{Userprofile})$; //输出分类器预测结果

8： **if** $predictresult = 1$ **then**

9： $Attackprofile_{set} \leftarrow Attackprofile_{set} \cup V_{Userprofile}$; //识别攻击概貌

10： **end if**

11： **end for**

12： **return** $Attackprofile_{set}$;

End

算法 4-2 可分为三个部分：第一部分为行 1，执行变量的初始化操作；第二部分为行 2 ~5，对待识别用户概貌集进行特征提取，完成用户概貌到特征空间的映射；第三部分为行 6 ~ 12，利用 SVM 分类器进一步识别攻击概貌，并将识别结果 $Attackprofile_{set}$ 返回。

算法 4-2 时间复杂性分析：第 1 行变量初始化和第 12 行返回结果的操作均可在单位时间内完成；第 2 ~5 行对待识别用户集中的每个用户概貌进行特征提取，时间复杂度为 $O(|Userprofile_{set}|)$，其中 $|Userprofile_{set}|$ 表示待识别用户概貌集中的概貌数目；第 6 ~ 11 行统计分类器输出的攻击概貌，最坏情况下的时间复杂度为 $O(|Feature\_Userprofile_{set}|)$，其中 $|Feature\_Userprofile_{set}|$ 表示概貌特征集合中的概貌数目。因此，在 $|Feature\_Userprofile_{set}| = |Userprofile_{set}|$ 条件下，算法 4-2 的时间复杂度为 $O(|Userprofile_{set}|)$。

4.6 鲁棒推荐算法

针对基本矩阵分解模型易受攻击概貌影响的问题，基于 4.4 节提出的基于模糊核聚类的攻击概貌检测方法和 4.5 节提出的基于支持向量机的攻击概貌识别方法，结合基本矩阵分解模型，设计一种基于模糊核聚类和支持向量机的鲁棒推荐算法（Robust Recommendation Algorithm Based on Fuzzy Kernel Clustering and Support Vector Machine，RRA-FKCSVM），其整体框架如图 4-2 所示。

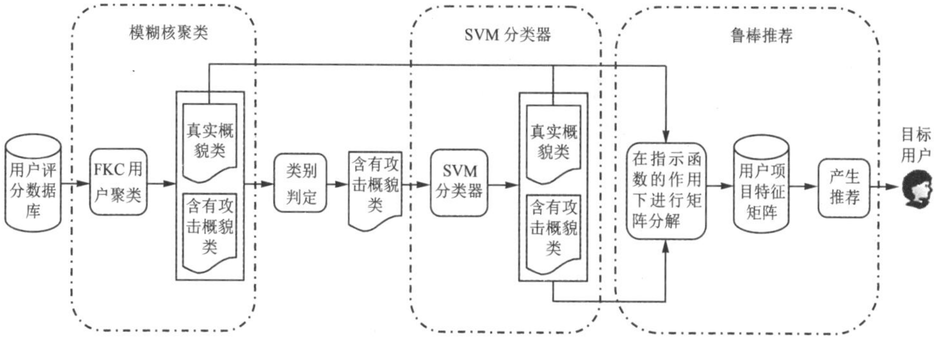

图 4-2 鲁棒推荐算法 RRA-FKCSVM 框架图

基于矩阵分解的推荐算法的预测评分公式为 $\hat{r}_{ui}=\boldsymbol{q}_i^{\mathrm{T}}\boldsymbol{p}_u$，为了得到项目特征向量 $\boldsymbol{q}_i$ 和用户特征向量 $\boldsymbol{p}_u$，可以通过随机梯度下降来求解式（4-3）的最小二乘问题，在梯度下降的过程中分别对 $\boldsymbol{p}_u$ 和 $\boldsymbol{q}_i$ 进行迭代更新：

$$\boldsymbol{p}_u \leftarrow \boldsymbol{p}_u+\gamma(\boldsymbol{q}_i e_{ui}-\lambda \boldsymbol{p}_u) \tag{4-15}$$

$$\boldsymbol{q}_i \leftarrow \boldsymbol{q}_i+\gamma(\boldsymbol{p}_u e_{ui}-\lambda \boldsymbol{q}_i) \tag{4-16}$$

其中，γ 表示梯度下降的变化步长。

在迭代过程中，由于最小二乘估计易受离群点的影响，所以攻击概貌会影响项目特征向量 $\boldsymbol{q}_i$，使推荐结果产生偏差，导致算法鲁棒性不高。因此，通过构造指示函数 $I_{Attack}(u)$ 将 SVM 分类器识别得到的攻击概貌结果 $Attackprofile_{set}$ 融入矩阵分解过程中，从而降低在特征向量更新过程中攻击概貌对项目特征向量 $\boldsymbol{q}_i$ 的影响，具体过程如下所述。

定义 4.1 指示函数（Indicator Function）。

$$I_{Attack}(u)=\begin{cases}0, & u \in Attackprofile_{set},\ u \in U \\ 1, & u \notin Attackprofile_{set},\ u \in U\end{cases} \tag{4-17}$$

其中，$Attack$ 表示攻击用户集合，U 表示全体用户集合。

将指示函数 $I_{Attack}(u)$ 融入式（4-16）中，得到改进后的式（4-18）：

$$\boldsymbol{q}_i \leftarrow \boldsymbol{q}_i+I_{Attack}(u)\gamma(\boldsymbol{p}_u e_{ui}-\lambda \boldsymbol{q}_i) \tag{4-18}$$

从式（4-15）和式（4-18）可以看出，在梯度下降的过程当中，如果判断为攻击概貌，根据式（4-17）可知指示函数的取值为 0，因此只需要进行用户特征向量 $\boldsymbol{p}_u$ 的更新而不进行项目特征向量 $\boldsymbol{q}_i$ 的更新，从而避免了攻击概貌对 $\boldsymbol{q}_i$

造成影响，提高了算法的鲁棒性。最后得到用户特征矩阵 $\boldsymbol{P}$ 和项目特征矩阵 $\boldsymbol{Q}$，实现对用户的鲁棒推荐 $\hat{\boldsymbol{R}}=\boldsymbol{Q}^{\mathrm{T}}\boldsymbol{P}$。

基于上述算法思想，给出基于模糊核聚类和支持向量机的鲁棒推荐算法 RRA-FKCSVM 的描述，见算法 4-3。

算法 4-3 鲁棒推荐算法 RRA-FKCSVM

输入：用户-项目评分矩阵 $\boldsymbol{R}$，潜在分类特征个数 f；

输出：用户特征矩阵 $\boldsymbol{P}$ 和项目特征矩阵 $\boldsymbol{Q}$。

Begin

1： Initialize the feature matrix $\boldsymbol{P}$, $\boldsymbol{Q}$; //初始化特征矩阵

2： $\{\boldsymbol{C}_1, \boldsymbol{C}_2\} \leftarrow$ APD_FKC($\boldsymbol{R}$); //得到用户概貌聚类

3： $Userprofile_{setAttack} \leftarrow Judgment\ (\boldsymbol{C}_1, \boldsymbol{C}_2)$; //进行类别判定

4： $Attackprofile_{set} \leftarrow API\_SVM(Userprofile_{setAttack})$; //进一步识别攻击概貌

5： **repeat**

6：   **for** each $u \in U$ **do** //对指示函数进行赋值

7：   **if** $u \in Attackprofile_{set}$ **then**

8： $I_{\mathrm{Attack}}(u) \leftarrow 0$;

9：   **else**

10： $I_{\mathrm{Attack}}(u) \leftarrow 1$;

11：   **end if**

12：   **for** $i \in I$ **do**

13：   **if** $r_{ui} \neq 0$ **then**

14： $e_{ui} \leftarrow r_{ui} - \boldsymbol{q}_i^{\mathrm{T}} \times \boldsymbol{p}_u$;

15：   **end if**

16：   **for** $k=1$ to f **do** //梯度下降

17： $p_{uk} \leftarrow p_{uk} + \gamma(q_{ik}e_{ui} - \lambda p_{uk})$;

18： $q_{ik} \leftarrow q_{ik} + I_{\mathrm{Attack}}(u)\gamma(p_{uk}e_{ui} - \lambda q_{ik})$;

19：   **end for**

20：   **end for**

21：   **end for**

22： **until** Convergence of $\boldsymbol{P}$, $\boldsymbol{Q}$;

23： **return** $\boldsymbol{P}$, $\boldsymbol{Q}$;

End

算法 4-3 可分为五个部分：第一部分为行 1，对用户特征矩阵 $\boldsymbol{P}$ 和项目特

征矩阵 $\boldsymbol{Q}$ 进行初始化操作；第二部分为行 2，对用户概貌进行聚类，得到真实概貌类和含有攻击概貌的类；第三部分为行 3，对第二部分得到的聚类结果 $\boldsymbol{C}_1$ 和 $\boldsymbol{C}_2$ 进行类别判断，找出含有攻击概貌的类 $Userprofile_{setAttack}$；第四部分为行 4，对含有攻击概貌的类用 SVM 分类器进行攻击概貌检测，得到最终的攻击概貌识别结果 $Attackprofile_{set}$；第五部分为行 5 ~ 23，根据用户对项目的评分信息和攻击概貌的最终识别结果，执行随机梯度下降操作，对用户特征向量 $\boldsymbol{p}_u$ 和项目特征向量 $\boldsymbol{q}_i$ 分别进行迭代更新，直到算法收敛，得到最终的用户特征矩阵 $\boldsymbol{P}$ 和项目特征矩阵 $\boldsymbol{Q}$ 并返回，以此来实现对目标用户的推荐。

算法 4-3 时间复杂性分析：第 1 行初始化特征矩阵 $\boldsymbol{P}$ 和 $\boldsymbol{Q}$ 的时间复杂度为 $O(|U| \times f) + O(|I| \times f)$，其中 $|U|$ 为系统中的用户个数，$|I|$ 为系统中的项目个数；根据前面对算法 4-1 和算法 4-2 的时间复杂度分析，第 2 行对用户概貌进行聚类的时间复杂度为 $O(\text{loops1} \times |U|)$，第 3 行对聚类后的结果进行类别判定，时间复杂度为 $O(|C_1| \times |I_1|) + O(|C_2| \times |I_1|)$，$|I_1|$ 为非流行项目个数；第 4 行基于支持向量机识别用户概貌的时间复杂度为 $O(|Userprofile_{setAttack}|)$；第 5 ~ 22 行为梯度下降过程，假设 *repeat* 循环次数为 loops2，其中第 7 ~ 11 行判断当前用户是否为攻击用户，最坏情况下的时间复杂度为 $O(|Attackprofile_{set}|)$，第 12 ~ 20 行的时间复杂度为 $O(|I| \times f)$，则6 ~ 21行的时间复杂度为 $O(|U| \times |Attackprofile_{set}|) + O(|U| \times |I| \times f)$，那么梯度下降过程的时间复杂度为 $O(\text{loops2} \times |U| \times |Attackprofile_{set}|) + O(\text{loops2} \times |U| \times |I| \times f)$；第 23 行返回结果操作可在单位时间内完成。因此，在 $|I_1| < |I|$、$|C_1| < |U|$、$|C_2| < |U|$、$Userprofile_{setAttack} < |U|$、$|Attackprofile_{set}| < |U|$ 和 $|Attackprofile_{set}| < |Userprofile_{setAttack}|$ 的情况下，算法 4-3 的时间复杂度为 $O(\text{loops2} \times |U| \times |I| \times f)$。

4.7　本章小结

针对基于矩阵分解的协同过滤推荐算法应对托攻击时存在的脆弱性问题，本章提出了一种基于模糊核聚类和支持向量机的鲁棒推荐算法；提出了一种基于模糊核聚类的攻击概貌检测方法，根据概貌间的相似度将攻击概貌聚到同一类内；提出了一种基于 SVM 分类器的攻击概貌识别方法，进一步检测攻击概貌。通过构造指示函数将攻击概貌最终的检测结果融入基于矩阵分解模型的推荐算法中，提高了算法的鲁棒性。

第5章 基于可疑用户识别和 Tukey M-估计量的鲁棒推荐方法

提高基于矩阵分解的协同过滤推荐算法鲁棒性，通常是以损失精度为代价的。针对该问题，本章首先提出一种融合可疑用户识别的可靠近邻模型，然后提出一种基于 Tukey M-估计量的鲁棒矩阵分解模型，最后将可靠近邻模型融入鲁棒矩阵分解模型中，在提高算法鲁棒性的同时提高推荐精度[93,123]。

5.1 引 言

针对基于矩阵分解的协同过滤推荐算法应对托攻击时的脆弱性问题，人们提出了多种解决方法，但是这些方法普遍存在一个弊端，即真实概貌容易被当作攻击概貌进行处理，在提高算法鲁棒性的同时导致推荐精度受损。因此，如何保证算法在提高鲁棒性的同时也具有较好的推荐精度是一个需要解决的问题。

针对以上提出的问题，本章首先从统计特征角度出发，基于用户对项目的评分分布情况，提出评分个数偏离度和邻居平均相似度两种计算方法，根据真实用户和攻击用户在评分个数偏离度和邻居平均相似度两方面存在的差异性对系统中的用户进行识别，并将可疑用户识别结果与基于用户的推荐模型相结合，构建可靠近邻模型；然后引入 Tukey M-估计量构建鲁棒矩阵分解模型，降低攻击概貌对参数估计过程的干扰，实现对用户特征矩阵和项目特征矩阵的鲁棒估计；最后将可靠近邻模型融入鲁棒矩阵分解模型中，设计一种鲁棒推荐算法。

5.2 融合可疑用户识别的可靠近邻模型

5.2.1 可疑用户识别

在推荐系统里，用户对某一项目评分值的大小可以反映出用户对此项目的偏好程度，用户对全体项目的评分情况可以体现用户对项目流行程度的倾向，还可以通过评分度量不同用户之间的喜好程度是否相似。因此，基于用户对项目的评分信息分布情况提出评分个数偏离度和邻居平均相似度的计算方法。下面给出相关定义。

定义 5.1　项目流行度（Degree of Popular Items，DPI）。对项目 $i \in I$，用户 $u \in U$，如果 $r_{ui} \neq \varphi$，则认为项目 i 被进行一次评分。统计 U 中所有用户对项目 i 的评分次数 DPI_i，将 DPI_i 定义为项目 i 的流行度，计算方法如式（5-1）：

$$DPI_i = \sum_{u \in U} JF(r_{ui}) \tag{5-1}$$

$$JF(r_{ui}) = \begin{cases} 1, & r_{ui} \neq \varphi \\ 0, & r_{ui} = \varphi \end{cases} \tag{5-2}$$

定义 5.2　有序项目集合（Set of Sorted Items，SSI）。计算 I 中全部项目的流行度集合 $T = \{DPI_{i_1}, DPI_{i_2}, \cdots, DPI_{i_n}\}$，按照项目流行度由大到小的顺序对 n 个项目进行排序，得到有序项目集合 $L = \{i_\alpha, i_\beta, \cdots, i_\mu\}$。其中，$DPI_{i_\alpha} \geqslant DPI_{i_\beta} \geqslant \cdots \geqslant DPI_{i_\mu}$。

定义 5.3　相似邻居集合 N。对于目标用户 $u_t \in U$，存在 $\forall u_p \in U$，如果用户 u_t 和 u_p 的相似度 $sim_{tp} > 0$，则认为用户 u_p 是用户 u_t 的一个相似邻居，目标用户 u_t 的相似邻居集合表示如式（5-3）：

$$N(u_t) = \left\{ u_p \mid sim_{tp} > 0,\ t \neq p,\ u_p \in U \right\} \tag{5-3}$$

其中，用户 u_t 和 u_p 的相似度 sim_{tp} 采用传统的皮尔森相关系数度量公式进行计算。

定义 5.4　评分个数偏离度（Deviation Degree of Rating Numbers，DDRN）。设定分割阈值 h，将有序项目集合 L 中前 $\lfloor h * n \rfloor$ 个项目作为流行项目集合 $pop = \{i_1, i_2, \cdots, i_{\lfloor h*n \rfloor}\}$，其余的为非流行项目集合 $unpop = \{i_{\lfloor h*n \rfloor+1}, i_{\lfloor h*n \rfloor+2}, \cdots, i_n\}$，则评分个数偏离度计算方法如式（5-4）：

$$DDRN_u = \frac{\left| \sum_{i \in pop} JF(r_{ui}) - \sum_{j \in unpop} JF(r_{uj}) \right|}{\sum_{j \in unpop} JF(r_{uj})} \tag{5-4}$$

其中，$\sum_{i \in pop} JF(r_{ui})$ 表示用户 u 对流行项目的评分个数；$\sum_{j \in unpop} JF(r_{uj})$ 表示用户 u 对非流行项目的评分个数。为了便于结果的比较，通过最小-最大规范化对原始数据进行线性变换，将原始评分个数偏离度映射到［0，1］区间。计算方法如式（5-5）：

$$DDRN_u^* = \frac{DDRN_u - DDRN_{\min}}{DDRN_{\max} - DDRN_{\min}} \tag{5-5}$$

其中，$DDRN_u$表示用户 u 的评分个数偏离度；$DDRN_{min}$表示全体用户的评分个数偏离度的最小值；$DDRN_{max}$表示全体用户的评分个数偏离度的最大值。

定义 5.5 邻居平均相似度（Average Similarity of Neighbors，ASN）。令 N 表示用户 u 的相似邻居集合，$|N|$表示与用户 u 相似的邻居个数，则用户 u 的邻居平均相似度计算方法如式（5-6）：

$$ASN_u = \frac{\sum_{v \in S} sim_{uv}}{|N|} \tag{5-6}$$

从现实生活的角度来考虑，人们通常喜欢比较热门、流行的商品。通过对用户的评分数据进行定量分析可以看到，真实用户一般热衷于对流行项目进行评分，对非流行项目的评分相对较少，主观倾向性比较大。对于攻击用户来说，受生成攻击模型的影响，对流行项目和非流行项目的评分分布相对真实用户来说比较均匀。因此，真实用户对流行项目和非流行项目的评分个数相差较大，攻击用户对流行项目和非流行项目的评分个数相差较小。所以，攻击用户的评分个数偏离度比真实用户的评分个数偏离度要小，如图 5-1 所示。

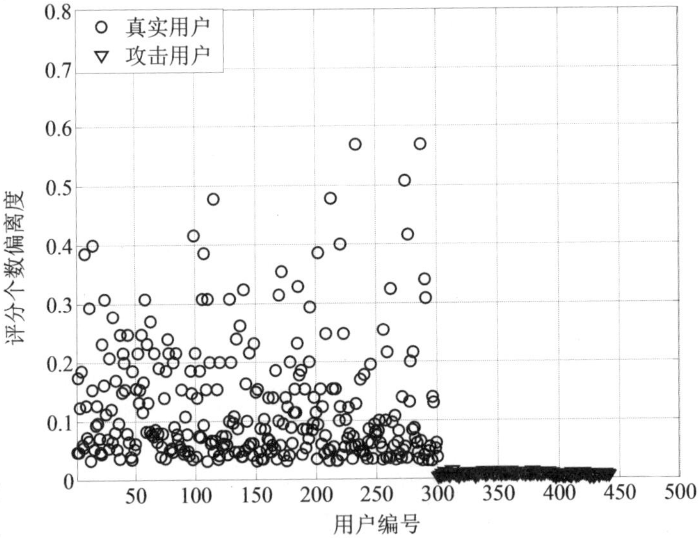

图 5-1 用户评分个数偏离度示例图

通常情况下，攻击者会向推荐系统中注入与真实用户概貌具有较高相似度的虚假用户概貌信息，因此在推荐的过程中，攻击用户极有可能被选作目标用户的最近邻居与真实用户一起参与推荐，从而达到攻击的目的；并且攻击概貌受生成模型的影响，彼此之间也具有较高的相似度。所以，攻击用户的邻居平均相似度要高于真实用户的邻居平均相似度，如图 5-2 所示。

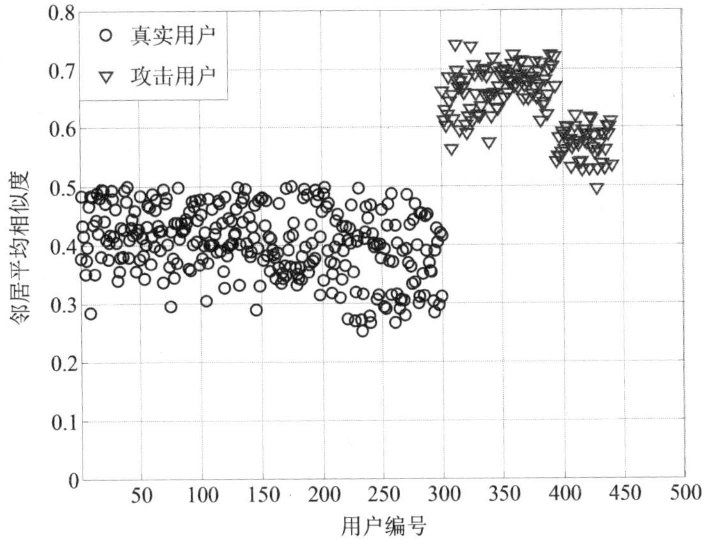

图 5-2 用户邻居平均相似度示例图

综合以上分析可知，攻击用户与真实用户相比，评分个数偏离度偏小，邻居平均相似度偏高。如果一个用户同时具有较低的评分个数偏离度和较高的邻居平均相似度，则具有攻击用户的特征，可以将其识别为可疑用户。由此，我们设计一种可疑用户识别算法（Algorithm of Suspicious Users Identification，ASUI），具体描述见算法 5-1。

算法 5-1 算法 ASUI

输入：用户-项目评分矩阵 $\boldsymbol{R}$；

输出：可疑用户集合 $Set_{\text{sus\_users}}$。

Begin

$sum1 \leftarrow 0$，$sum2 \leftarrow 0$，$Set_{\text{sus\_users}} \leftarrow \varnothing$；

for each $u \in U$ **do**

$DDRN_u \leftarrow DDRN(u)$； //计算评分个数偏离度

$sum1 \leftarrow sum1 + DDRN_u$；

$ASN_u \leftarrow ASN(u)$； //计算邻居平均相似度

$sum2 \leftarrow sum2 + ASN_u$；

end for

$\overline{DDRN} \leftarrow sum1/|U|$；

$\overline{ASN} \leftarrow sum2/|U|$；

for each $u \in U$ **do**

```
11:     if DDRN_u < avg(DDRN) and ASN_u > avg(ASN) then
12:         Set_sus_users ← Set_sus_users ∪ u;
13:     end if
14: end for
15: return Set_sus_users;
End
```

算法 5-1 可分为三个部分：第一部分为行 1，执行变量初始化操作；第二部分为行 2 ~9，计算出每个用户的评分个数偏离度和邻居平均相似度，并求出全体用户的评分个数偏离度的平均值 $\overline{DDRN}$ 和邻居平均相似度的平均值 $\overline{ASN}$；第三部分为行 10 ~ 15，根据 $\overline{DDRN}$ 和 $\overline{ASN}$ 依次对系统中的每个用户进行判断，如果满足设定的可疑用户条件，将其标识为可疑用户，最终得到可疑用户集合 $Set_{\text{sus\_users}}$。

算法 5-1 时间复杂性分析：第 1 行变量初始化操作和第 15 行返回计算结果操作均可在常数时间内完成；第 2 ~7 行计算每个用户的评分个数偏离度和邻居平均相似度，时间复杂度为 $O(|I|^2 \times |U|)$，其中 $|I|$ 为项目个数，$|U|$ 为用户个数；第 8 ~ 9 行求全体用户的评分个数偏离度的平均值和邻居平均相似度的平均值，可在常数时间内完成；第 10 ~ 14 行标记可疑用户，时间复杂度为 $O(|U|)$。因此，算法 5-1 的时间复杂度为 $O(|I|^2 \times |U|)$。

5.2.2 可靠近邻模型

基于用户的推荐算法是协同过滤算法中常见的一种，它的中心思想是基于目标用户的近邻预测其对某个项目的评分。在用户评分数据库中，存在明显的用户偏好特征和项目偏好特征。前者是指某些用户对项目的评分比其他用户偏高，后者是指某些项目得到的评分比其他项目偏高。为了减少这两种情况对预测评分的影响，我们将其封装为基准偏移量，具体形式如公式 (5-7)：

$$b_{ui} = \mu + b_u + b_i \tag{5-7}$$

其中，μ 表示所有评分的平均值；b_u 和 b_i 分别表示用户 u 和项目 i 偏离整体评分数据分布的偏移量，计算方法如式 (5-8) 和式 (5-9)：

$$b_u = \frac{1}{|I_u|} \sum_{i \in I_u} (r_{ui} - \mu) \tag{5-8}$$

$$b_i = \frac{1}{|U_i|} \sum_{u \in U_i} (r_{ui} - b_u - \mu) \tag{5-9}$$

其中，I_u 表示用户 u 进行评分的项目集合；U_i 表示对项目 i 进行评分的用户集合。

将基准偏移量、可疑用户识别结果与基于用户的推荐模型相结合，构建融入可疑用户识别的可靠近邻模型（Reliable Neighbor Model Incorporated with Suspicious Users Identification，RNSUI），预测评分计算方法如式（5-10）：

$$\hat{r}_{ui} = b_{ui} + |N(u)|^{-\frac{1}{2}} \sum_{v \in N(u)} (r_{vi} - \bar{r}_v) \times sim_{uv} \tag{5-10}$$

$$N(u) = \{ v \mid sim_{uv} > \gamma,\ v \notin Set_{\text{sus\_users}},\ v \in U \} \tag{5-11}$$

其中，$N(u)$ 表示目标用户 u 的可靠近邻集合；$\bar{r}_v$ 表示用户 v 的平均评分；sim_{uv}表示用户 u 和用户 v 之间的相似度；γ 表示相似度阈值；$Set_{\text{sus_users}}$表示可疑用户集合。

从上式可以看出，在为目标用户 u 选取近邻的过程中，即使某一用户 v 和目标用户 u 的相似度比较大，但是如果用户 v 属于可疑用户，也不将该用户纳入目标用户的近邻集合，以此来减少攻击概貌对推荐过程的影响。

5.3 基于 Tukey M-估计量的鲁棒矩阵分解模型

在基于矩阵分解模型的推荐算法中，用户 u 对项目 i 的预测评分 $\hat{r}_{ui}$可以通过式（5-12）计算得到：

$$\hat{r}_{ui} = \boldsymbol{q}_i^{\mathrm{T}} \boldsymbol{p}_u \tag{5-12}$$

为了得到 $\boldsymbol{p}_u$和 $\boldsymbol{q}_i$，可以通过随机梯度下降来求解公式（5-13）的最小二乘问题：

$$(p^*, q^*) = \operatorname{argmin} \sum_{r_{ui} \neq \varphi} (r_{ui} - \boldsymbol{q}_i^{\mathrm{T}} \boldsymbol{p}_u)^2 + \lambda(|\boldsymbol{q}_i|^2 + |\boldsymbol{p}_u|^2) \tag{5-13}$$

其中，r_{ui}表示用户 u 对项目 i 的真实评分；$\lambda(|\boldsymbol{q}_i|^2 + |\boldsymbol{p}_u|^2)$ 是为了避免过拟合而加入的正则项，λ 为常数。

式（5-13）中，$r_{ui} - \boldsymbol{q}_i^{\mathrm{T}} \boldsymbol{p}_u$被称为残差，记作 e_{ui}，如式（5-14）：

$$e_{ui} = r_{ui} - \hat{r}_{ui} \tag{5-14}$$

从式（5-14）看出，r_{ui}的值比较大时，e_{ui}的值也会比较大，当系统中存在托攻击的情况下，r_{ui}一般取最大值（推攻击）或最小值（核攻击），因此攻击用户的残差值比大部分真实用户的残差值要大。以 MovieLens 数据集（本书实验采用此数据集）为例，评分数值为 1 ~ 5 的整数，即 $e_{ui} \in [-5, 5]$。大量研究结果表明，最小化残差平方，即最小二乘估计量是不稳定的，对离群点尤为敏感，为了能基于杂乱的数据正确估计出模型的参数，人们使用能够克服离群数据影响的鲁棒估计量来进行参数估计。本节采用 Tukey M-估计量[124-126]对用户特征向量和项目特征向量进行鲁棒估计，以降低攻击概貌在模型训练过程中的影响。

定义 5.6 Tukey M-估计量（Tukey M-estimator）。设 e_{ui}为用户 $u \in U$ 对项目 $i \in I$ 的评分残差，则 Tukey M-估计量是利用 Tukey 函数作为目标函数取代残差的平方，并通过最小化目标函数求得数据的最佳函数匹配，也就是求解模型参数 $\boldsymbol{p}^*$ 和 $\boldsymbol{q}^*$ 满足式（5-15）：

$$(\boldsymbol{p}^*, \boldsymbol{q}^*) = \operatorname{argmin} \sum_{r_{ui}>0} \rho(e_{ui}) \tag{5-15}$$

其中，$\rho(e_{ui})$ 为利用 *Tukey* 函数得到的关于残差 e_{ui}的有界函数，如式（5-16）：

$$\rho(e_{ui}) = 1 - \left[1 - \left(\frac{e_{ui}}{c}\right)^2\right]^3 \tag{5-16}$$

其中，c 为一个常数，取值为 4.7，取值依据详见 5.5 节。

定义 5.7 影响函数（Influence Function，IF）。令 $T(F)$ 为一泛函，$\forall x \in \mathbf{R}$，退化于点 x 的概率分布记为 δ_x，则下述极限存在时，它被称为泛函 T 当总体分布为 F 时的影响函数。当 x 变化时，$IF(x, F, T)$ 的图像称为影响曲线。

$$\begin{aligned} IF(x, F, T) &= \lim_{\varepsilon \to 0^+} \frac{T[(1-\varepsilon) + \varepsilon\delta_x] - T(F)}{\varepsilon} \\ &= \frac{\partial}{\partial \varepsilon} T[(1-\varepsilon)F + \varepsilon\delta_x] \Big|_{\varepsilon \to 0^+} \end{aligned} \tag{5-17}$$

影响函数直观上说是鲁棒估计量在概率分布空间的一阶导数，它描述了离群数据对鲁棒估计量的影响能力。因此，在鲁棒统计学中，估计量的鲁棒性强弱可以由影响函数反映。根据定义 5.7，上面提到的 Turkey M-估计量的影响函数如式（5-18）：

$$\varphi(e_{ui}) = \rho'(e_{ui}) = e_{ui}\left[1 - \left(\frac{e_{ui}}{c}\right)^2\right]^2 \tag{5-18}$$

定义 5.8 过失误差敏感度。过失误差敏感度是基于影响函数的重要鲁棒性度量，定义为 γ^*，具体如式（5-19）：

$$\gamma^* = \sup \left| IF(x, F, T) \right. \tag{5-19}$$

其中，sup 表示上限。过失误差是在一点 x 上污染最坏程度的度量，如果是有限的，则为对于分布函数 F 的偏置鲁棒。

由定义 5.8 可知，如果一个估计量的影响函数是无界的，则过失误差敏感度趋向无穷大。因此，当残差值趋于无穷大时，影响函数的值也会趋于无穷大，从而致使参数估计对离群点敏感，结果产生偏差。所以，要保证一个估计量为鲁棒估计量，其影响函数应为有界函数，并且为了保证估计的唯一性，要求目标函数采用凸函数形式。下面分别从影响函数的有界性和目标函数解的唯一性来证明 Tukey M-估计量是鲁棒估计量。

性质 5.1　Tukey M-估计量的影响函数是有界函数。

证明：已知 $e_{ui}\in[-5,5]$，c 为常数，要证明影响函数 $\varphi(e_{ui})=e_{ui}\left[1-\left(\frac{e_{ui}}{c}\right)^2\right]^2$ 有界，即 $\exists M>0$，有 $|\varphi(e_{ui})|\leqslant M$。即

$$|\varphi(e_{ui})|=\left|e_{ui}\left[1-\left(\frac{e_{ui}}{c}\right)^2\right]^2\right|=|e_{ui}|\left|\left[1-\left(\frac{e_{ui}}{c}\right)^2\right]\right|^2$$

$$\leqslant|e_{ui}|\left(1+\left(\frac{e_{ui}}{c}\right)^2\right)^2\leqslant 5\left(1+\frac{25}{c^2}\right)^2$$

所以，Tukey M-估计量的影响函数是有界函数。

性质 5.2　Tukey M-估计量有唯一解。

证明：目标函数

$$\rho(e_{ui})=1-\left[1-\left(\frac{e_{ui}}{c}\right)^2\right]^3$$

一阶导数

$$\rho'(e_{ui})=e_{ui}\left[1-\left(\frac{e_{ui}}{c}\right)^2\right]^2$$

二阶导数

$$\rho''(e_{ui})=\left[1-\left(\frac{e_{ui}}{c}\right)^2\right]\left[1-5\left(\frac{e_{ui}}{c}\right)^2\right]$$

令 $\rho'(e_{ui})=0$，求得驻点 $e_{ui}=0$，$e_{ui}=\pm c$。将其分别代入 $\rho''(e_{ui})$，得到 $\rho''(0)=1>0$，$\rho''(\pm c)=0$。因为 $\rho''(e_{ui})>0$，目标函数为严格凹函数，所以目标函数在 $e_{ui}=0$ 处取得最小值，具有唯一解。

由于大部分 M-估计很难求出解析解，通常使用迭代方法求解，因此目标函数式（5-15）的求解等价于求解公式（5-20）所表示的加权最小二乘问题：

$$(\boldsymbol{p}^*,\boldsymbol{q}^*)=\arg\min w(e_{ui})e_{ui}^2 \tag{5-20}$$

其中，$w(e_{ui})$ 为利用 Tukey M-估计量的影响函数得到的权值函数，如式（5-21）：

$$w(e_{ui})=\frac{\varphi(e_{ui})}{e_{ui}}=\left[1-\left(\frac{e_{ui}}{c}\right)^2\right]^2 \tag{5-21}$$

从式（5-20）和式（5-21）可以看出，通过权值函数给每个残差赋予不同的

权重。因此，如何限制较大残差在参数估计过程中的影响，关键取决于权值函数。图 5-3 中分别绘制了文献［83］中使用的 Huber M-估计量和本书使用的 Tukey M-估计量的权值函数图像。通过图像可以看到，随着残差值 $|e_{ui}|$ 的逐渐增加，两种估计量的权值函数值都越来越小；并且 Tukey M-估计量的权值函数值明显小于 Huber M-估计量的权值函数值。因此，对于 Tukey M-估计量来说，残差越大，其得到的权值越小。根据前文的分析，残差越大，是攻击用户的可能性越大，所以 Tukey M-估计量能够削弱攻击概貌的影响力。

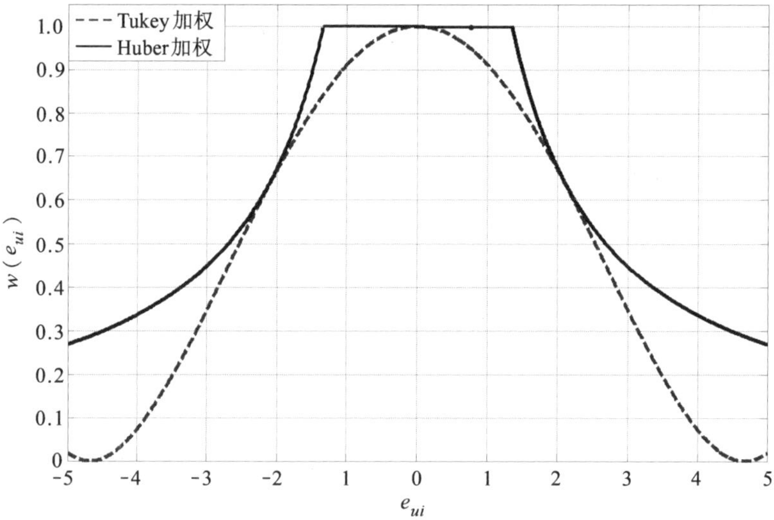

图 5-3 权值函数图像

5.4 鲁棒推荐算法

为了提高基于矩阵分解的推荐算法的鲁棒性和推荐精度，将 5.2 节中融入可疑用户识别的可靠近邻模型与 5.3 节中基于 Tukey M-估计量的鲁棒矩阵分解模型相结合，提出一种基于可疑用户识别和 Tukey M-估计量的鲁棒推荐算法（Robust Recommendation Algorithm Based on Suspicious Users Identification and Tukey M-estimator，RRA-SUITME），其整体框架如图 5-4 所示。

从图 5-4 可以看出，要完成对目标用户的推荐，首先需要训练模型，得到各特征参数的最优值。所以，在可靠近邻模型和基于 Tukey M-估计量的鲁棒矩阵分解模型的基础上，使用随机梯度下降方法对式（5-15）进行迭代求解。各参数的计算方法如式（5-22）~式(5-25)：

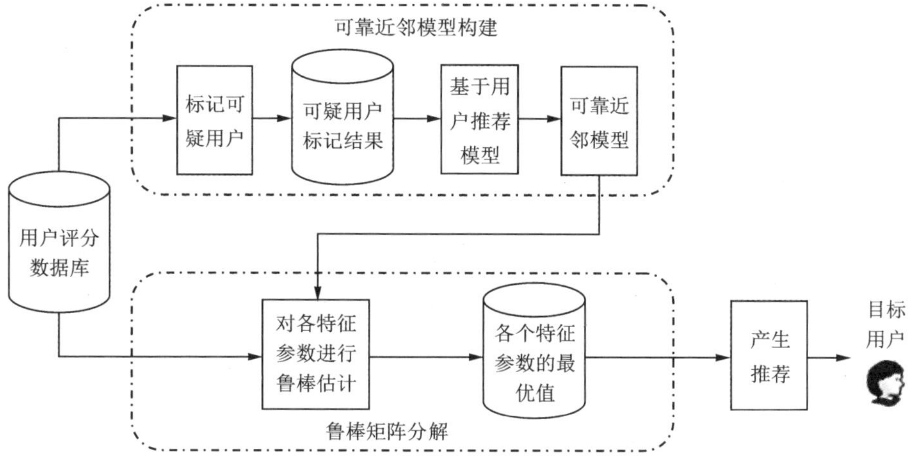

图 5-4 鲁棒推荐算法 RRA-SUITME 框架图

$$\boldsymbol{q}_i \leftarrow \boldsymbol{q}_i + \gamma w(e_{ui}) e_{ui} \boldsymbol{p}_u \tag{5-22}$$

$$\boldsymbol{p}_u \leftarrow \boldsymbol{p}_u + \gamma w(e_{ui}) e_{ui} \boldsymbol{q}_i \tag{5-23}$$

$$b_u \leftarrow b_u + \gamma w(e_{ui}) e_{ui} \tag{5-24}$$

$$b_i \leftarrow b_i + \gamma w(e_{ui}) e_{ui} \tag{5-25}$$

接下来，根据各特征参数的最优值，利用预测评分公式（5-26）完成对目标用户的推荐：

$$\hat{r}_{ui} = b_{ui} + \boldsymbol{q}_i^{\mathrm{T}} \boldsymbol{p}_u + |N(u)|^{-\frac{1}{2}} \sum_{v \in N(u)} (r_{vi} - \bar{r}_v) \times sim_{uv} \tag{5-26}$$

式中变量表示的物理意义与公式（5-10）中相同。

综合以上分析，基于可疑用户识别与 Tukey M-估计量的鲁棒推荐算法 RRA-SUITME 的具体描述见算法 5-2。

算法 5-2 鲁棒推荐算法 RRA-SUITME

输入：用户-项目评分矩阵 $\boldsymbol{R}$，相似度矩阵 sim，可疑用户集合 $Set_{\text{sus\_users}}$；

输出：用户特征矩阵 $\boldsymbol{P}$，项目特征矩阵 $\boldsymbol{Q}$。

Begin

$N \leftarrow \varnothing$;

Initialize feature matrix $\boldsymbol{P}$, $\boldsymbol{Q}$;

$\mu \leftarrow mean(\boldsymbol{R})$; //计算所有评分的均值

for each $i \in I$ **do**

  for each $u \in U$ **do**

    compute b_u; //利用式（5-8）计算 b_u

7: compute b_i; //利用式（5-9）计算 b_i

8: **end for**

9: **end for**

10: $b_{ui} \leftarrow \mu + b_u + b_i$;

11: **for** *each* $u \in U$ **do**

12: **for** each $v \in U$ and $v \neq u$ **do**

13: **if** ($sim_{uv} > \beta$ and $v \notin Set_{\text{sus\_users}}$) **then**

14: $N(u) \leftarrow N(u) \cup v$;

15: **end if**

16: **end for**

17: **end for**

18: **repeat**

19: **for** each $u \in U$ **do**

20: **for** each item $i \in I$ **do**

21: **if** $r_{ui} \neq 0$ **then**

22: $\hat{r}_{ui} \leftarrow b_{ui} + \boldsymbol{q}_i^{\mathrm{T}} \boldsymbol{p}_u + |N(u)|^{-\frac{1}{2}} \sum_{v \in N(u)} (r_{vi} - \bar{r}_v) \times sim_{uv}$;

23: $e_{ui} \leftarrow r_{ui} - \hat{r}_{ui}$;

24: **for** $k = 1$ *to* f **do**

25: $\boldsymbol{q}_{ik} \leftarrow \boldsymbol{q}_{ik} + \gamma w(e_{ui}) e_{ui} \boldsymbol{p}_{uk}$;

26: $\boldsymbol{p}_{uk} \leftarrow \boldsymbol{p}_{uk} + \gamma w(e_{ui}) e_{ui} \boldsymbol{q}_{ik}$;

27: **end for**

28: $b_u \leftarrow b_u + \gamma w(e_{ui}) e_{ui}$;

29: $b_i \leftarrow b_i + \gamma w(e_{ui}) e_{ui}$;

30: **end if**

31: **end for**

32: **end for**

33: **until** $\boldsymbol{P}$, $\boldsymbol{Q}$ no longer changes;

34: **return** $\boldsymbol{P}$, $\boldsymbol{Q}$;

End

算法5-2可分为四个部分：第一部分为行1～2，执行变量初始化操作；第二部分为行3～10，计算基准偏移量 b_{ui}；第三部分为行11～17，寻找用户的可靠邻居，并存放到集合 N 里；第四部分为行18～34，对特征向量 $\boldsymbol{p}_u$ 和 $\boldsymbol{q}_i$ 进行迭代更新直至算法收敛，得到最优的用户特征矩阵 $\boldsymbol{P}$ 和项目特征矩阵 $\boldsymbol{Q}$。

算法 5-2 时间复杂性分析：第 1 行变量初始化和第 34 行返回结果均可在常数时间内完成；第 2 行初始化用户特征矩阵 $\boldsymbol{P}$ 和项目特征矩阵 $\boldsymbol{Q}$ 的时间复杂度为 $O(|U|\times f)+O(|I|\times f)$，其中 $|U|$ 为用户数目，$|I|$ 为项目数目；第 3 ~ 10 行计算基准偏移量的时间复杂度为 $O(|U|\times|I|)$；第 11 ~ 17 行寻找目标用户的可靠邻居的时间复杂度为 $O(|U|^2)$；第 18 ~ 33 行执行随机梯度下降操作，假设 *repeat* 循环次数为 loops1，那么梯度下降过程的时间复杂度为 $O(\text{loops1}\times|U|\times|I|\times f)$。所以，算法 5-2 的时间复杂度为 $O(\text{loops1}\times|U|\times|I|\times f)$。

5.5 参数值的确定

对于式 (5-16) 中常数 c 的取值，我们采用实验的方式确定。首先，基于 5.3 节提出的鲁棒矩阵分解模型设计一种基于 Tukey M-估计量的鲁棒推荐算法 (Robust Recommendation Algorithm Based on Tukey M-estimator, RRA-TME)；然后，根据 c 值的变化情况对算法 RRA-TME 的推荐精度 (*MAE*) 和预测偏差 (*PS*) 值的影响情况来确定 c 的最优值，具体情况如图 5-5 所示。实验采用 MovieLens 100k 数据集，首先将其划分为 80% 和 20% 分别作为训练集和测试集，然后向训练集中分别注入随机攻击、均值攻击和 AoP 攻击三种不同类型的攻击数据，并设置各自的填充规模为 3%，攻击规模为 6%。

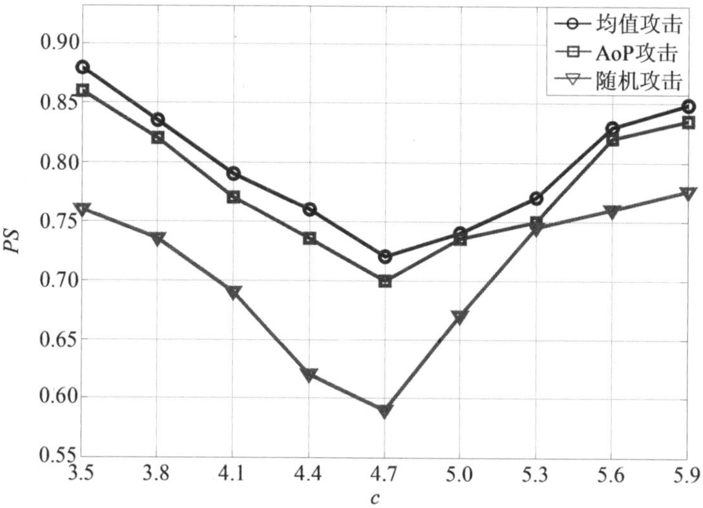

图 5-5　c 值对 *MAE* 和 *PS* 的影响

由图 5-5 可以看出：在相同的攻击规模和填充规模下，当 c 的取值在 3.5 和 4.7 之间时，随着 c 值的不断增大，算法 RRA-TME 在三种不同攻击类型下的预测偏差（*PS* 值）均逐渐减小；而当 c 值大于 4.7 时，算法 RRA-TME 的预测偏差（*PS* 值）又逐渐增大；由此可见，当 $c=4.7$ 时 *PS* 取得最小值，所以本书中 c 的取值为 4.7。

5.6 本章小结

为了提高基于矩阵分解的推荐算法的鲁棒性和推荐精度，本章首先提出了一种可疑用户识别算法，并将可疑用户识别结果融入基于用户的推荐模型当中，构建了可靠近邻模型；引入鲁棒统计理论中的 Tukey M-估计量，构造了鲁棒矩阵分解模型，实现了对用户特征矩阵和项目特征矩阵的鲁棒参数估计，从而降低攻击概貌对项目特征向量的影响；将鲁棒矩阵分解模型和可靠近邻模型相结合，提出了一种鲁棒推荐算法，该算法不但具有较强的抗攻击能力，而且具有较好的推荐精度。

第6章 实验与评价

本书从鲁棒推荐技术角度出发，围绕当前鲁棒协同过滤推荐算法存在的不足，从第 2 章至第 5 章提出了 4 种不同的鲁棒推荐算法。本章将推荐系统领域公认的 MovieLens 数据集作为实验数据来源，分别从鲁棒性和推荐精度两个方面对算法的性能进行评价，通过与现有的一些经典推荐算法进行实验对比分析来验证书中提出算法的有效性。

6.1 实验数据集

本书的实验采用美国明尼苏达大学 Grouplens 研究小组公布的 MovieLens 100k 公共数据集[127]。该数据集来源于一个电影推荐平台，由于其数据的真实性被广泛应用于推荐算法的研究领域。数据集中包含 943 名用户对 1682 部电影的 10 万条评分记录，评分数值为 1 ~ 5 的整数，评分数值越大，表明用户对某部电影的喜欢程度就越大，而且每个用户至少对 20 部电影进行了评分。推荐系统中，将记录用户个人评分的数据称为用户概貌。攻击者为了操纵推荐结果，通常会伪造不同类型、带有一定目的性的用户概貌并将其注入到系统评分数据库中，我们称这样的用户概貌为攻击概貌。

6.2 评价指标

面对众多的推荐算法，人们提出了一些评价指标来客观地评价算法性能的优劣。本书分别从推荐精度和鲁棒性两个方面对算法的性能进行评价[128-129]。

为了评价算法的推荐精度，本书采用统计精度度量方法中的平均绝对误差（Mean Absolute Error，MAE）作为评价指标。MAE 通过计算目标用户对项目的预测评分和真实评分之间的偏差来度量算法的精度。显然，*MAE* 值越小，说明算法的推荐精度就越高，具体计算方法如式（6-1）：

$$MAE = \frac{\sum_{i=1}^{n} |r_{ui} - \hat{r}_{ui}|}{N} \tag{6-1}$$

其中，r_{ui}表示用户 u 对项目 i 的真实评分；$\hat{r}_{ui}$表示用户 u 对项目 i 的预测评分；N 表示预测的次数。

为了评价算法的鲁棒性，本书采用预测偏差（Prediction Shift，PS）作为评价指标。预测偏差表示目标项目受攻击前后系统预测的偏差。*PS* 值越小，说明算法的鲁棒性越强，具体计算方法如式（6-2）：

$$PS = \frac{1}{N}\sum_{u \in U} |\hat{r}'_{ui} - \hat{r}_{ui}| \tag{6-2}$$

其中，$\hat{r}_{ui}$和 $\hat{r}'_{ui}$分别表示系统中被注入攻击前和攻击后用户 u 对目标项目的预测评分，N 表示预测的总次数。

6.3 实验设置

本书实验的硬件环境为：Intel（R） Core（TM） i5－3210 CPU 2.5 GHz，4 GB内存；软件环境为：Microsoft Windows 7 操作系统，Matlab 系统仿真软件。

实验选取随机攻击、均值攻击和 AoP 攻击三种不同的攻击类型。其中，随机攻击和均值攻击是标准攻击模型的典型代表，AoP 攻击是模糊攻击模型的典型代表[130]。随机选取一个项目作为攻击的目标项目，将填充规模设置为 3% 和 5%，攻击规模设置为 1%，2%，4%，6%，8%，10%。假设 MovieLens 100k 数据集中的 943 个用户概貌全部为真实概貌，首先将整个数据集划分为训练集和测试集两部分，数据集的 80% 作为训练集，20% 作为测试集；然后根据训练集生成攻击概貌并注入到训练集中（注：本书实验过程中生成的攻击均为托攻击）；最后基于设置好的实验数据对推荐算法进行验证并展开性能分析。

为了评价本书提出推荐算法的性能，我们将其与以下几种经典的推荐算法进行实验对比及分析：

（1）CF：传统的基于用户的协同过滤推荐算法。

（2）CF-IRP：邓爱林等提出的基于项目评分预测的协同过滤推荐算法[131]。

（3）WItem：O' Donovan 等人提出的基于信任的推荐算法[59]。

（4）MMF：Mehta 等人提出的基于 M-估计量的矩阵分解方法[83]。

（5）LTSMF：Cheng 等提出的基于最小截尾二乘估计量的矩阵分解方法[87]。

6.4　基于 k-距离和项目类别信息的鲁棒推荐算法性能评价

为了评价第 2 章中提出的基于 k-距离和项目类别信息的鲁棒推荐算法 RRA-KICI 的性能，本节将其与算法 CF 和 CF-IRP 进行实验对比及分析。

6.4.1　算法推荐精度的对比及分析

根据 6.3 节描述的实验设置，在不同攻击类型、不同填充规模和不同攻击规模下分别运行算法 CF、CF-IRP 和 RRA-KICI，得到各算法的推荐精度（*MAE* 值）对比结果，如表 6-1 ~ 表 6-3 所列。

表 6-1　随机攻击下各算法的推荐精度对比

攻击规模	1%		2%		4%		6%		8%		10%	
填充规模	3%	5%	3%	5%	3%	5%	3%	5%	3%	5%	3%	5%
CF	0.7621	0.7637	0.7654	0.7651	0.7668	0.7677	0.7681	0.7687	0.7690	0.7693	0.7701	0.7709
CF-IRP	0.7581	0.7584	0.7587	0.7588	0.7597	0.7599	0.7612	0.7619	0.7635	0.7641	0.7669	0.7670
RRA-KICI	0.7461	0.7467	0.7466	0.7470	0.7471	0.7475	0.7477	0.7480	0.7482	0.7488	0.7486	0.7495

表 6-2　均值攻击下各算法的推荐精度对比

攻击规模	1%		2%		4%		6%		8%		10%	
填充规模	3%	5%	3%	5%	3%	5%	3%	5%	3%	5%	3%	5%
CF	0.7622	0.7629	0.7644	0.7640	0.7658	0.7663	0.7679	0.7686	0.7692	0.7702	0.7705	0.7719
CF-IRP	0.7578	0.7582	0.7590	0.7588	0.7595	0.7609	0.7610	0.7617	0.7637	0.7639	0.7657	0.7669
RRA-KICI	0.7464	0.7470	0.7469	0.7478	0.7476	0.7485	0.7484	0.7491	0.7490	0.7498	0.7501	0.7507

表 6-3　AoP 攻击下各算法的推荐精度对比

攻击规模	1%		2%		4%		6%		8%		10%	
填充规模	3%	5%	3%	5%	3%	5%	3%	5%	3%	5%	3%	5%
CF	0.7623	0.7627	0.7634	0.7648	0.7657	0.7669	0.7665	0.7683	0.7673	0.7694	0.7689	0.7702
CF-IRP	0.7567	0.7580	0.7579	0.7585	0.7588	0.7594	0.7597	0.7602	0.7605	0.7626	0.7627	0.7657
RRA-KICI	0.7455	0.7461	0.7463	0.7472	0.7469	0.7479	0.7476	0.7486	0.7483	0.7490	0.7591	0.7502

从表6-1～表6-3可以看出，在三种不同类型攻击下，算法CF的*MAE*值最大，算法CF-IRP的*MAE*值次之，算法RRA-KICI的*MAE*值最小。由于*MAE*的值越小，算法的推荐精度越好，因此，算法RRA-KICI的推荐精度最好，算法CF-IRP的推荐精度次之，算法CF的推荐精度最差。例如，以AoP攻击下的*MAE*值对比结果为例，在5%填充规模下，与算法CF和CF-IRP相比，算法RRA-KICI的推荐精度分别提高了2.46%和1.65%。原因是算法RRA-KICI对原始评分矩阵的未评分项进行填充，解决了矩阵的稀疏性问题，并且在填充过程中考虑了系统存在攻击概貌的情况，排除攻击概貌对填充结果的影响；算法CF-IRP也对原始评分矩阵的未评分项进行了填充，但是在填充过程中并没有考虑攻击概貌的影响，因此在攻击概貌存在情况下推荐精度的提高不明显。综合分析，算法RRA-KICI的推荐精度优于算法CF-IRP和CF。

6.4.2 算法鲁棒性的对比及分析

根据6.3节所描述的实验设置，将不同攻击类型的攻击概貌在不同填充规模和攻击规模下分别注入到训练集中，再分别运行算法CF、CF-IRP和RRA-KICI，得到各算法的预测偏差（*PS*值）对比结果，如图6-1～图6-3所示。

从图6-1～图6-3可以看出：在三种不同类型攻击下，算法CF-IRP和CF

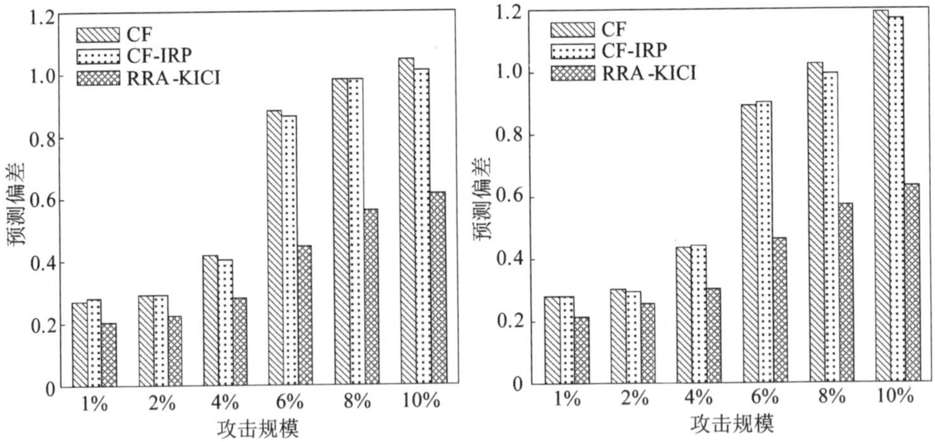

(a) 填充规模3%　　(b) 填充规模5%

图6-1　随机攻击下各算法的预测偏差值对比

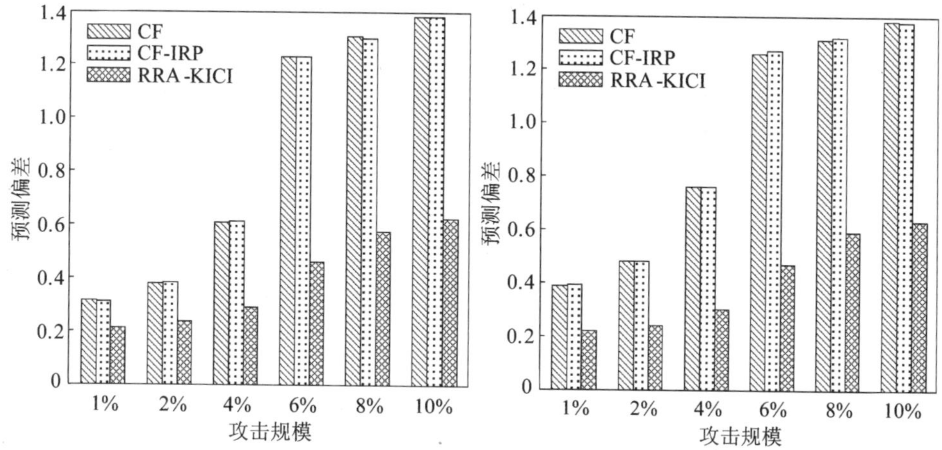

(a) 填充规模3%　　(b) 填充规模5%

图6-2 均值攻击下各算法的预测偏差对比

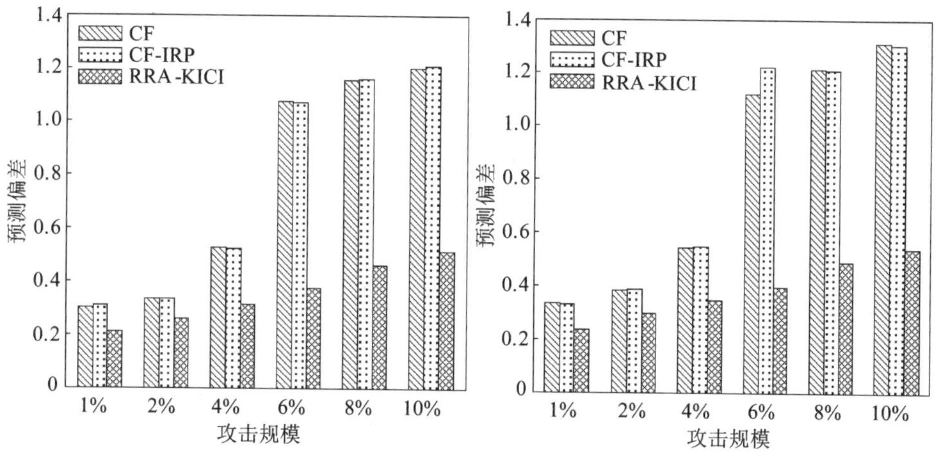

(a) 填充规模3%　　(b) 填充规模5%

图6-3 AoP攻击下各算法的预测偏差值对比

的 *PS* 值大小相差不大，但是明显大于算法 RRA-KICI 的 *PS* 值。由于 *PS* 值越小，说明算法的抗攻击能力越强，因此，RRA-KICI 算法的鲁棒性在三种算法里面是最好的。主要原因是算法 CF 和 CF-IRP 都没有考虑攻击概貌对推荐结果的影响，并且算法 CF-IRP 在对原始评分矩阵的未评分项进行填充的过程中也没有考虑攻击概貌对填充结果的影响，因此算法受攻击概貌的影响较大，以致算法抗攻击能力不强；而算法 RRA-KICI 在对原始评分矩阵的填充过程中，根据用户可疑度的大小排除攻击数据，使得填充结果不受攻击概貌的影响，并且在推荐的过程中，将用户可疑度与相似度以加权的方式来共同作为目标用户最近邻居的选取依据，提高近邻选取的可靠性，以此来降低攻击概貌对推荐结果的影响。因此，算法 RRA-KICI 具有较好的鲁棒性，抗攻击能力较强。

6.5 基于可疑用户度量和多维信任的鲁棒推荐算法性能评价

为了评价第 3 章提出的算法 RRA-SUMMT 的性能，本节将其与算法 CF 和 WItem 进行实验对比及分析。

6.5.1 算法推荐精度的对比及分析

根据 6.3 节中描述的实验设置，在不同攻击类型、不同填充规模和不同攻击规模下分别运行算法 CF、WItem 和 RRA-SUMMT，得到各算法的推荐精度（*MAE* 值）对比结果，如表 6-4 ~ 表 6-6 所列。

表 6-4 随机攻击下各算法的推荐精度对比

攻击规模	1%		2%		4%		6%		8%		10%	
填充规模	3%	5%	3%	5%	3%	5%	3%	5%	3%	5%	3%	5%
CF	0.7621	0.7637	0.7654	0.7651	0.7668	0.7677	0.7681	0.7687	0.7690	0.7693	0.7701	0.7709
WItem	0.7523	0.7526	0.7528	0.7532	0.7537	0.7544	0.7542	0.7559	0.7554	0.7566	0.7561	0.7575
RRA-SUMMT	0.7413	0.7419	0.7424	0.7435	0.7430	0.7441	0.7439	0.7449	0.7457	0.7460	0.7468	0.7479

表 6-5 均值攻击下各算法的推荐精度对比

攻击规模	1%		2%		4%		6%		8%		10%	
填充规模	3%	5%	3%	5%	3%	5%	3%	5%	3%	5%	3%	5%
CF	0.7622	0.7629	0.7644	0.7640	0.7658	0.7663	0.7679	0.7686	0.7692	0.7702	0.7705	0.7719
WItem	0.7534	0.7550	0.7550	0.7563	0.7560	0.7567	0.7565	0.7582	0.7570	0.7585	0.7579	0.7589
RRA-SUMMT	0.7416	0.7422	0.7421	0.7431	0.7433	0.7443	0.7439	0.7451	0.7447	0.7466	0.7465	0.7481

表 6-6　AoP 攻击下各算法的推荐精度对比

攻击规模	1%		2%		4%		6%		8%		10%	
填充规模	3%	5%	3%	5%	3%	5%	3%	5%	3%	5%	3%	5%
CF	0.7623	0.7627	0.7634	0.7648	0.7657	0.7669	0.7665	0.7683	0.7673	0.7694	0.7689	0.7702
WItem	0.7541	0.7550	0.7545	0.7557	0.7553	0.7562	0.7567	0.7571	0.7575	0.7583	0.7581	0.7591
RRA-SUMMT	0.7418	0.7417	0.7426	0.7425	0.7440	0.7445	0.7452	0.7461	0.7463	0.7477	0.7476	0.7488

通过表 6-4 ~ 表 6-6 可以看到，在三种不同的攻击类型、填充规模分别为 3% 和 5% 的情况下，随着攻击规模的增大，算法 CF 的 *MAE* 值为 0. 7621 ~ 0. 7719，算法 WItem 的 *MAE* 值为 0. 7523 ~ 0. 7591，而本书提出的算法 RRA-SUMMT的 *MAE* 值为 0. 7413 ~ 0. 7488。由于 *MAE* 的值越小，算法的推荐精度越好，因此，在三种算法里，算法 RRA-SUMMT 的推荐精度是最好的，算法 WItem 次之，算法 CF 最差。例如，以随机攻击下的 *MAE* 值对比结果为例，在 5% 填充规模下，与算法 CF 和 WItem 相比，算法 RRA-SUMMT 的推荐精度分别提高了 2. 98% 和 1. 37% 。由此可见，算法 RRA-SUMMT 和 WItem 在推荐过程中引入信任关系有助于提高目标用户的近邻选取质量，所以相比算法 CF具有更好的推荐精度。而对于算法 RRA-SUMMT 和 WItem 来说，由于算法 RRA-SUMMT 是基于用户对项目的评分数据充分挖掘用户之间的隐式信任关系，分别从用户评分的权威性、用户评分的客观性和用户评分的相似性三方面信任属性对用户进行可靠性分析和度量，提高信任度计算的准确性，比算法 WItem 更能提高近邻选取的可靠性，所以推荐精度要优于算法 WItem。

6. 5. 2　算法鲁棒性的对比及分析

根据 6. 3 节中所描述的实验设置，将不同攻击类型的攻击概貌在不同的填充规模和攻击规模下分别注入到训练集中，然后分别运行算法 CF、WItem 和 RRA-SUMMT，得到各算法的预测偏差（*PS* 值）对比结果，如图 6-4 ~ 图 6-6 所示。

从图 6-4 ~ 图 6-6 可以看出，在同一填充规模和攻击规模下，与算法 CF 和 WItem 相比，本书提出的算法 RRA-SUMMT 的预测偏差明显偏小。例如，以 3% 填充规模的均值攻击下算法的预测偏差对比结果为例，与算法 CF 和 WItem 相比，算法 RRA-SUMMT 的鲁棒性分别提高了 58. 11% 和 53. 02% 。整体来看，在三种不同攻击类型下，算法 CF 和 WItem 随着攻击规模的增大，预测偏差值增加得愈发明显，而算法 RRA-SUMMT 的增加幅度不大，说明该算法对于大规模的攻击有很好的抵抗能力。由此可见，算法 RRA-SUMMT 不但具有较好的鲁棒性，稳定性也好。主要原因是算法 CF 和 WItem 都没有考虑攻击概貌对推荐结果的影响，因此攻击概貌极易被选作目标用户的最近邻居，导

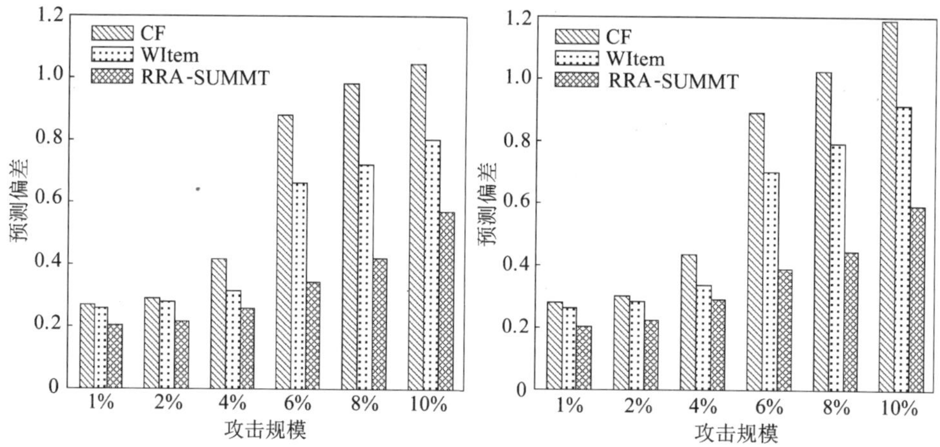

(a) 填充规模 3%　　(b) 填充规模 5%

图 6-4　随机攻击下各算法的预测偏差对比

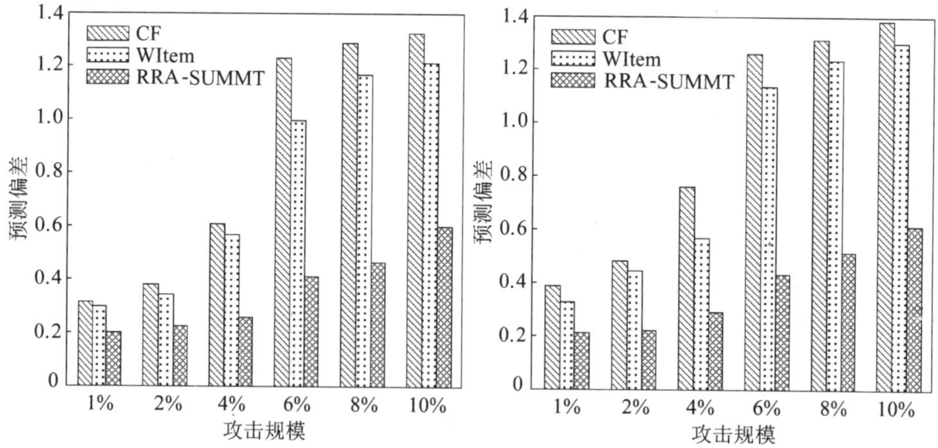

(a) 填充规模 3%　　(b) 填充规模 5%

图 6-5　均值攻击下各算法的预测偏差对比

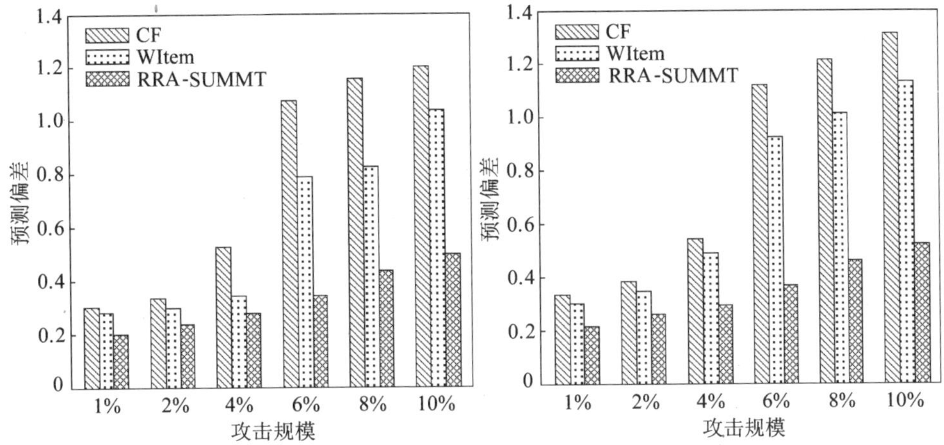

(a) 填充规模 3%　　　(b) 填充规模 5%

图 6-6　AoP 攻击下各算法的预测偏差对比

致推荐结果产生偏差；而算法 RRA-SUMMT 将可靠多维信任计算模型与邻居模型相结合，依据信任度为目标用户选取最近邻居，能够提高近邻选取的可靠性，从而会降低攻击概貌对推荐结果的影响，提高算法的鲁棒性。

6.6　基于模糊核聚类和支持向量机的鲁棒推荐算法性能评价

为了评价第 4 章提出的基于模糊核聚类和支持向量机的鲁棒推荐算法 RRA-FKCSVM 的性能，本节将其与目前两种经典的基于矩阵分解模型的鲁棒推荐算法 MMF 和 LTSMF 进行实验对比。同时，为了说明模糊核聚类后攻击概貌是否被聚到同一类内，以及聚类后利用 SVM 分类器进一步识别攻击概貌的必要性，我们将算法 RRA-FKCSVM 与基于模糊核聚类的鲁棒矩阵分解算法 RRA-FKC 进行实验对比。算法 RRA-FKC 首先利用模糊核聚类对用户概貌进行聚类，然后进行类别判断，将含有攻击概貌的类中用户概貌全部标识为攻击概貌，最后进行基于矩阵分解的鲁棒推荐。

6.6.1　算法推荐精度的对比及分析

根据 6.3 节中描述的实验设置，在不同攻击类型、不同填充规模和不同攻击规模下分别运行算法 MMF、LTSMF、RRA-FKC 和 RRA-FKCSVM，得到各算法的推荐精度（*MAE* 值）对比结果，如表 6-7 ~ 表 6-9 所列。

表 6-7 随机攻击下各算法的推荐精度对比

攻击规模	1%		2%		4%		6%		8%		10%	
填充规模	3%	5%	3%	5%	3%	5%	3%	5%	3%	5%	3%	5%
MMF	0.7531	0.7532	0.7541	0.7520	0.7517	0.7530	0.7514	0.7528	0.7533	0.7539	0.7538	0.7531
LTSMF	0.7513	0.7518	0.7515	0.7511	0.7502	0.7521	0.7494	0.7509	0.7499	0.7513	0.7531	0.7531
RRA-FKC	0.7445	0.7417	0.7421	0.7449	0.7419	0.7424	0.7406	0.7418	0.7410	0.7407	0.7416	0.7406
RRA-FKCSVM	0.7374	0.7363	0.7373	0.7409	0.7392	0.7401	0.7390	0.7328	0.7388	0.7389	0.7364	0.7396

表 6-8 均值攻击下各算法的推荐精度对比

攻击规模	1%		2%		4%		6%		8%		10%	
填充规模	3%	5%	3%	5%	3%	5%	3%	5%	3%	5%	3%	5%
MMF	0.7538	0.7547	0.7530	0.7531	0.7530	0.7528	0.7524	0.7532	0.7542	0.7543	0.7534	0.7535
LTSMF	0.7510	0.7508	0.7508	0.7507	0.7514	0.7521	0.7500	0.7503	0.7509	0.7521	0.7503	0.7518
RRA-FKC	0.7425	0.7417	0.7421	0.7420	0.7419	0.7424	0.7406	0.7418	0.7410	0.7407	0.7416	0.7406
RRA-FKCSVM	0.7407	0.7375	0.7390	0.7401	0.7388	0.7406	0.7388	0.7395	0.7396	0.7397	0.7375	0.7394

表 6-9 AoP 攻击下各算法的推荐精度对比

攻击规模	1%		2%		4%		6%		8%		10%	
填充规模	3%	5%	3%	5%	3%	5%	3%	5%	3%	5%	3%	5%
MMF	0.7569	0.7547	0.7556	0.7531	0.7589	0.7558	0.7590	0.7562	0.7542	0.7563	0.7564	0.7555
LTSMF	0.7530	0.7508	0.7523	0.7515	0.7528	0.7521	0.7514	0.7527	0.7515	0.7533	0.7522	0.7528
RRA-FKC	0.7449	0.7467	0.7460	0.7420	0.7409	0.7424	0.7466	0.7458	0.7410	0.7407	0.7416	0.7486
RRA-FKCSVM	0.7379	0.7386	0.7395	0.7390	0.7382	0.7393	0.7389	0.7409	0.7397	0.7398	0.7400	0.7403

从表6-7～表6-9可以看出，在三种不同类型攻击下，算法 MMF 和 LTSMF 的 *MAE* 值均在0.75以上，而且随着攻击规模和填充规模的增加，算法的 *MAE* 值波动范围不大，说明算法 MMF 和 LTSMF 的稳定性能较好。算法 RRA-FKC 的 *MAE* 值为0.7406～0.7486，同算法 MMF 和 LTSMF 相比 *MAE* 值偏小，主要是因为算法 RRA-FKC 在推荐运行之前利用模糊核聚类方法将攻击概貌聚到同一类内，进行类别判断后将该类内用户概貌全都标识为攻击概貌，

排除攻击概貌对推荐过程的影响，有效提高算法的推荐精度。算法 RRA-FKCSVM 的 *MAE* 值为 0.7328～0.7409，在四种推荐算法中 *MAE* 值最小。相比算法 RRA-FKC 来说，在模糊核聚类之后，针对含有攻击概貌的聚类，利用 SVM 分类器进一步识别攻击概貌，将其与类内真实概貌进行分离，有助于保留部分真实概貌，进一步提高算法的推荐精度，也验证了书中提出的利用 SVM 分类器进一步识别攻击概貌的必要性。所以，在三种不同类型攻击下，与算法 MMF、LTSMF 和 RRA-FKC 相比，本书提出的算法 RRA-FKCSVM 的推荐精度最好。主要原因是算法 RRA-FKCSVM 首先采用模糊核聚类方法对用户概貌进行聚类，将攻击概貌聚到同一类内，然后又利用 SVM 分类器进一步对攻击概貌进行识别，最大限度地保留了真实用户概貌，能够有效提高算法的推荐精度。

6.6.2 算法鲁棒性的对比及分析

根据 6.3 节中描述的实验设置，将不同攻击类型的攻击概貌在不同的填充规模和攻击规模下分别注入到训练集中，然后分别运行算法 MMF、LTSMF、RRA-FKC 和 RRA-FKCSVM，得到各算法的预测偏差（*PS* 值）对比结果，如图 6-7～图 6-9 所示。

从图 6-7～图 6-9 可以看出，在随机攻击下，算法 MMF 的 *PS* 值变化范围为 0.6187～1.0749，算法 LTSMF 的 *PS* 值变化范围为 0.4698～0.9397；在均值攻击下，算法 MMF 的 *PS* 值变化范围为 0.6754～1.3096，算法 LTSMF 的

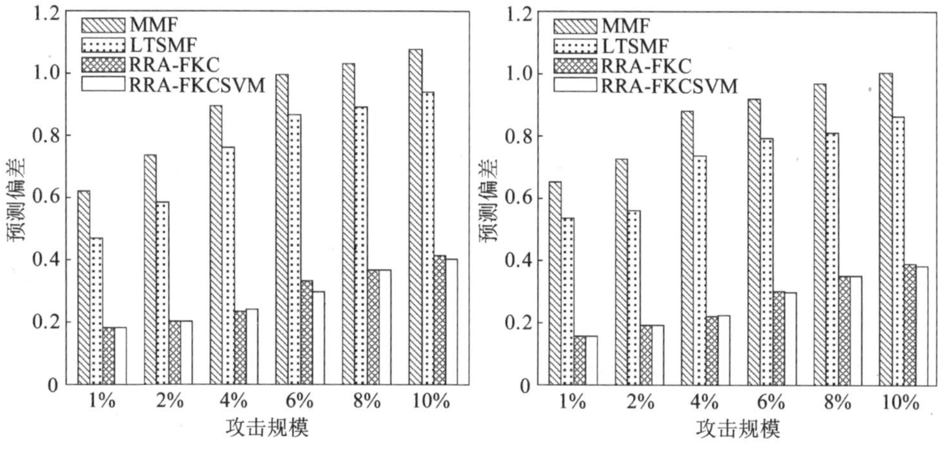

(a) 填充规模 3%　　(b) 填充规模 5%

图 6-7　随机攻击下各算法的预测偏差对比

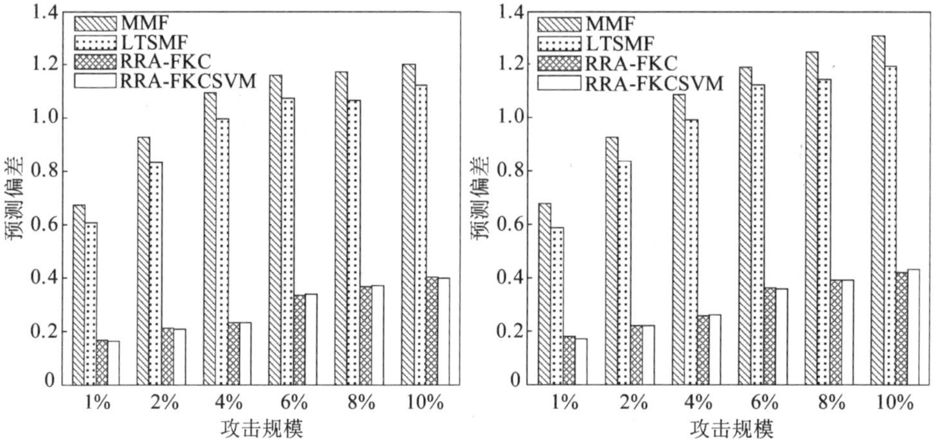

(a) 填充规模 3%　　(b) 填充规模 5%

图 6-8　均值攻击下各算法的预测偏差对比

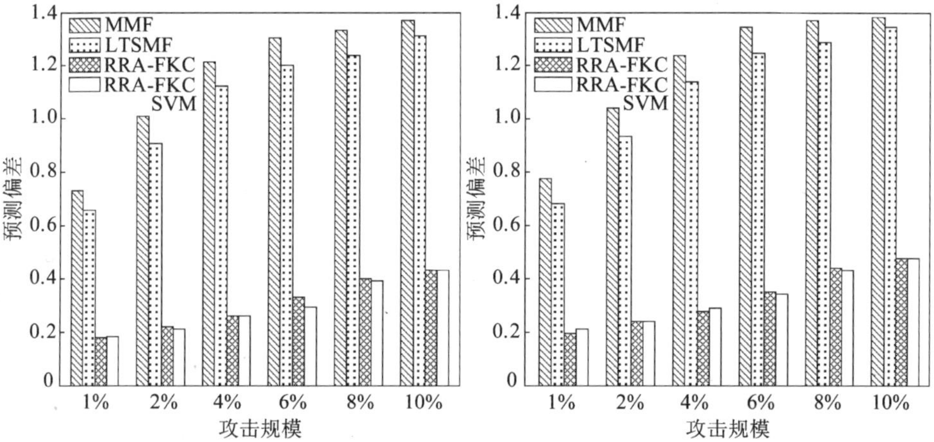

(a) 填充规模 3%　　(b) 填充规模 5%

图 6-9　AoP 攻击下各算法的预测偏差对比

PS 值变化范围为 0.5850 ~ 1.1919；在 AoP 攻击下，算法 MMF 的 *PS* 值变化范围为 0.7325 ~ 1.3830，算法 LTSMF 的 *PS* 值变化范围为 0.6559 ~ 1.3430。由此可见，算法 LTSMF 的鲁棒性要好于算法 MMF，原因是算法 LTSMF 利用最小截尾二乘估计量对模型参数进行鲁棒估计，能够排除残差值较大的攻击概貌，从而提高算法的鲁棒性。在 AoP 攻击下，相比其他两种攻击，算法 MMF 和 LTSMF 的 *PS* 值要偏大，主要是因为 AoP 攻击选取一定比例的流行项目作为填充项，使攻击概貌与真实概貌具有很高的相似性，所以一些 AoP 攻击概

貌不易被察觉，从而被当作真实用户概貌进入到推荐过程中，导致 *PS* 值增大。对于算法 RRA-FKC 和 RRA-FKCSVM 来说，在随机攻击下，算法 RRA-FKC 的 *PS* 值变化范围为 0.1567 ~ 0.4123，算法 RRA-FKCSVM 的 *PS* 值变化范围为 0.1560 ~ 0.4008；在均值攻击下，算法 RRA-FKC 的 *PS* 值变化范围为 0.1678 ~ 0.4212，算法 RRA-FKCSVM 的 *PS* 值变化范围为 0.1603 ~ 0.4299；在 AoP 攻击下，算法 RRA-FKC 的 *PS* 值变化范围为 0.1801 ~ 0.4789，算法 RRA-FKCSVM 的 *PS* 值变化范围为 0.1810 ~ 0.4780。可见在三种不同攻击的不同填充规模和攻击规模下，算法 RRA-FKC 和 RRA-FKCSVM 的 *PS* 值相比算法 MMF 和 LTSMF 来说要小很多，即使在 AoP 攻击下，*PS* 值的变化也很小，所以算法 RRA-FKC 和 RRA-FKCSVM 的鲁棒性要优于算法 MMF 和 LTSMF。而算法 RRA-FKCSVM 的 *PS* 值略小于算法 RRA-FKC，差别不是很大，说明在经过模糊核聚类之后，已经成功地将攻击概貌聚到同一类内，验证了模糊核聚类的有效性。综合分析得到，算法 RRA-FKCSVM 的鲁棒性最好，原因是首先通过模糊核聚类将用户概貌映射到高维特征空间，放大了用户概貌之间的特征，使得用户概貌间具有更好的可分离性，能够将攻击概貌聚到同一类内，然后又利用 SVM 分类器对含有攻击概貌类进一步识别，将攻击概貌与类内真实概貌进行分离，最大限度地保留真实用户概貌，在提高算法鲁棒性的同时提高算法的推荐精度。

6.7 基于可疑用户识别和 Tukey M-估计量的鲁棒推荐算法性能评价

为了评价第 5 章提出的基于可疑用户识别和 Tukey M-估计量的鲁棒推荐算法 RRA-SUITME 的性能，本节将其与目前两种经典的基于矩阵分解的鲁棒推荐算法 MMF 和 LTSMF 进行了实验对比。同时，为了说明将可靠近邻模型融入矩阵分解模型中有助于提高系统的推荐质量，我们将算法 RRA-SUITME 与 RRA-TME 进行了实验对比。算法 RRA-TME 是利用 5.3 节提出的鲁棒矩阵分解模型设计的基于 Tukey M-估计量的鲁棒推荐算法（Robust Recommendation Algorithm Based on Tukey M-estimator，RRA-TME）。

6.7.1 算法推荐精度的对比及分析

根据 6.3 节中所描述的实验数据设置，在不同攻击类型、不同填充规模和不同攻击规模下分别运行算法 MMF、LTSMF、RRA-TME 和RRA-SUITME，得到各算法的推荐精度（*MAE* 值）对比结果，如表 6-10 ~ 表 6-12所列。

表 6-10 随机攻击下各算法的推荐精度对比

攻击规模	1%		2%		4%		6%		8%		10%	
填充规模	3%	5%	3%	5%	3%	5%	3%	5%	3%	5%	3%	5%
MMF	0.7531	0.7532	0.7541	0.7520	0.7517	0.7530	0.7514	0.7528	0.7533	0.7539	0.7538	0.7531
LTSMF	0.7513	0.7518	0.7515	0.7511	0.7502	0.7521	0.7494	0.7509	0.7499	0.7513	0.7531	0.7531
RRA-TME	0.7358	0.7361	0.7362	0.7372	0.7366	0.7380	o. 7381	0.7407	0.7409	0.7416	0.7410	0.7414
RRA-SUMMT	0.7225	0.7217	0.7221	0.7220	0.7219	0.7224	0.7206	0.7218	0.7210	0.7207	0.7216	0.7206

表 6-11 均值攻击下各算法的推荐精度对比

攻击规模	1%		2%		4%		6%		8%		10%	
填充规模	3%	5%	3%	5%	3%	5%	3%	5%	3%	5%	3%	5%
MMF	0.7538	0.7547	0.7530	0.7531	0.7530	0.7528	0.7524	0.7532	0.7542	0.7543	0.7534	0.7535
LTSMF	0.7510	0.7508	0.7508	0.7507	0.7514	0.7521	0.7500	0.7503	0.7509	0.7521	0.7503	0.7518
RRA-TME	0.7368	0.7370	0.7369	0.7382	0.7376	0.7390	o. 7389	0.7403	0.7399	0.7413	0.7412	0.7424
RRA-SUMMT	0.7221	0.7228	0.7210	0.7210	0.7225	0.7218	0.7214	0.7228	0.7217	0.7239	0.7215	0.7241

表 6-12 AoP 攻击下各算法的推荐精度对比

攻击规模	1%		2%		4%		6%		8%		10%	
填充规模	3%	5%	3%	5%	3%	5%	3%	5%	3%	5%	3%	5%
MMF	0.7569	0.7547	0.7556	0.7531	0.7589	0.7558	0.7590	0.7562	0.7542	0.7563	0.7564	0.7555
LTSMF	0.7530	0.7508	0.7523	0.7515	0.7528	0.7521	0.7514	0.7527	0.7515	0.7533	0.7522	0.7528
RRA-TME	0.7362	0.7365	0.7359	0.7367	0.7366	0.7385	o. 7379	0.7398	0.7386	0.7415	0.7405	0.7414
RRA-SUMMT	0.7220	0.7227	0.7233	0.7229	0.7235	0.7225	0.7231	0.7228	0.7219	0.7223	0.7218	0.7228

从表 6-10 ~ 表 6-12 可以看出，对本书提到的任何一种攻击类型，在相同的攻击规模和填充规模下，从整体来看，算法 MMF 的 *MAE* 值为 0. 7514 ~ 0. 7590，算法 LTSMF 的 *MAE* 值为 0. 7494 ~ 0. 7531，算法RRA-TME的 *MAE* 值为0. 7358 ~ 0. 7424，算法 RRA-SUITME 的 *MAE* 值为 0. 7206 ~ 0. 7241。由于 *MAE* 的值越小，算法的推荐精度越好，因此，算法 RRA-SUITME 的推荐精

度最好，算法 RRA-TME 的推荐精度次之，算法 LTSMF 的推荐精度较差，算法 MMF 的推荐精度最差。由于算法 RRA-TME 采用的 Tukey M-估计量相比算法 MMF 采用的 Huber M-估计量和算法 LTSMF 采用的最小截尾二乘估计量来说能更好地克服离群数据的影响，所以算法 RRA-TME 的推荐精度较好；对于算法 RRA-TME 和 RRA-SUITME 来说，由于算法RRA-SUITME在RRA-TME的基础上融入了可靠近邻模型，能够为目标用户选取可靠性高的邻居用户，更进一步增强了算法识别攻击概貌的能力，减少真实概貌的损失，所以推荐精度要优于算法 RRA-TME 的推荐精度。

6.7.2　算法鲁棒性的对比及分析

根据 6.3 节中所描述的实验设置，将不同攻击类型的攻击概貌在不同的填充规模和攻击规模下分别注入到训练集中，然后分别运行算法 MMF、LTSMF、RRA-TME 和 RRA-SUITME，得到各算法的预测偏差（*PS* 值）对比结果，如图 6-10 ~ 图 6-12 所示。

从图 6-10 ~ 图 6-12 可以看出，对于算法 RRA-TME 和算法 RRA-SUITME 来说，在随机攻击下，算法 RRA-TME 的 *PS* 值变化范围为 0. 4454 ~ 0. 7456，算法 RRA-SUITME 的 *PS* 值变化范围为 0. 1 ~ 0. 3056 ；在均值攻击下，算法 RRA-TME 的 *PS* 值变化范围为 0. 5012 ~ 0. 8123，算法 RRA-SUITME 的 *PS* 值变化范围为 0. 1400 ~ 0. 3900；在 AoP 攻击下，算法 RRA-TME 的 *PS* 值变化范围为 0. 5445 ~ 0. 8900，算法 RRA-SUITME 的 *PS* 值变化范围为 0. 1112 ~

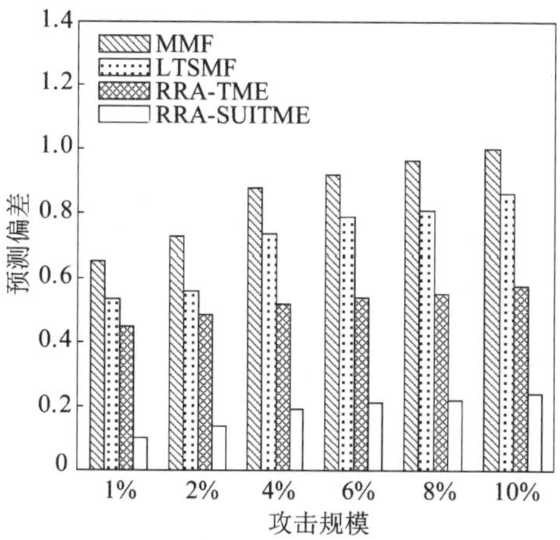

(a) 填充规模 3%

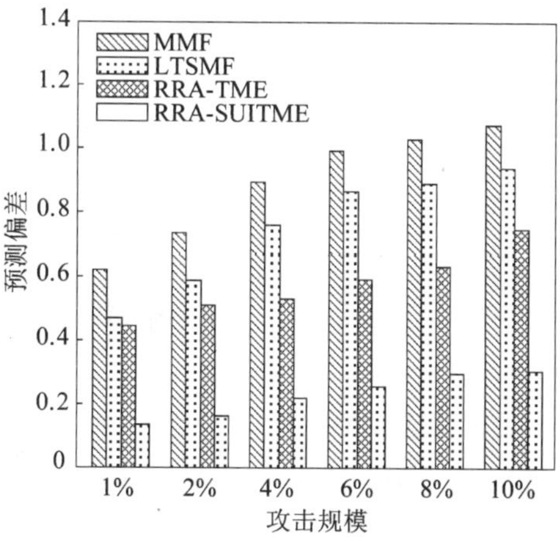

(b) 填充规模 5%

图 6-10　随机攻击下各算法的预测偏差对比

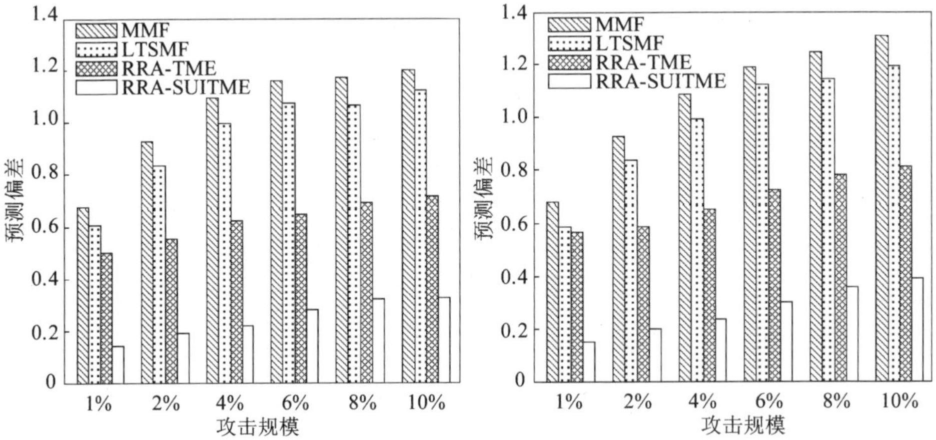

(a) 填充规模3%　　　　(b) 填充规模5%

图 6-11　均值攻击下各算法的预测偏差对比

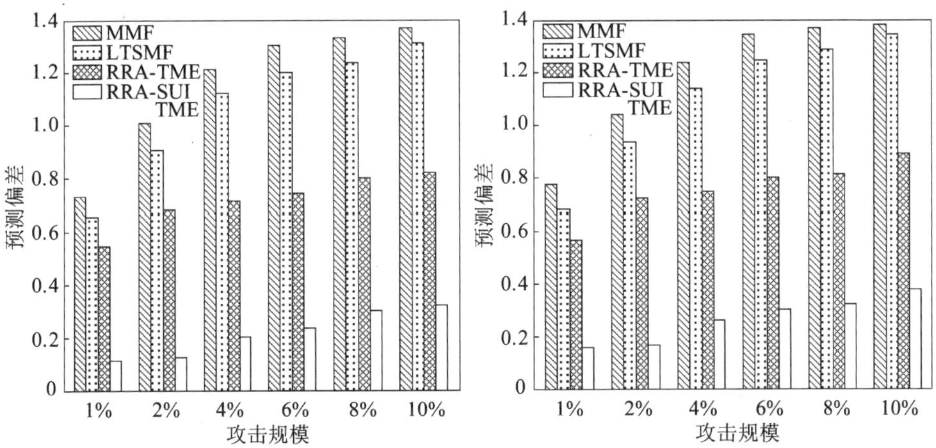

(a) 填充规模3%　　　　(b) 填充规模5%

图 6-12　AoP 攻击下各算法的预测偏差对比

0.3789。可见，在三种不同攻击的不同填充规模和攻击规模下，算法RRA-TME和RRA-SUITME的*PS*值相比算法MMF和LTSMF来说要小很多（关于算法MMF和LTSMF的*PS*值情况，在6.6节已经进行了分析），即使在AoP攻击下，*PS*值的变化也很小，所以算法RRA-TME和RRA-SUITME的鲁棒性要优于算法MMF和LTSMF。而算法RRA-SUITME的*PS*值要小于RRA-TME，所以算法RRA-SUITME的鲁棒性要优于算法RRA-TME，这充分说明将可靠邻居模型融入基于Tukey M-估计量的鲁棒矩阵分解模型中能够进一步提高算法的鲁棒性。因此，相比其他三种算法，算法 RRA-SUITME 的鲁棒性最好，原因是将鲁棒矩阵分解模型和可靠近邻模型进行结合，有效地提高了算法抵抗托攻击的能力。

6.8　本章小结

本章首先对实验数据集、实验评价指标和实验设置进行了简单介绍；然后将本书提出的四种鲁棒推荐算法分别与现有的相关经典推荐算法进行了实验对比以及性能分析。实验结果分析表明：本书第2章提出的基于 k-距离和项目类别信息的鲁棒推荐算法、第3章提出的基于可疑用户度量和多维信任的鲁棒推荐算法、第4章提出的基于模糊核聚类和支持向量机的鲁棒推荐算法以及第5章提出的基于可疑用户识别和 Tukey M-估计量的鲁棒推荐算法在鲁棒性和推荐精度方面都优于现有的鲁棒推荐算法。

结论

推荐系统作为过滤信息的一个重要工具，在电子商务领域得到了广泛应用。它能够快速地从海量信息空间中找到用户真正所需的商品信息，实现对用户的个性化推荐。然而，托攻击的出现严重影响了推荐系统的正常推荐功能，导致其无法为用户提供切实可靠的推荐结果。为了克服推荐系统应对托攻击的脆弱性，鲁棒推荐技术已经成为推荐系统领域的一个重要研究课题。

本书对鲁棒推荐技术的相关研究现状进行了全面分析，在此基础上，针对当前推荐算法存在的不足，基于可疑用户度量的思想，对如何设计鲁棒性高的推荐算法展开了深入研究，取得的主要研究成果如下：

(1) 提出了一种基于 k-距离和项目类别信息的鲁棒推荐方法。基于离群点检测思想，提出了一种用户可疑度计算方法；将用户可疑度与项目类别信息进行结合，构建一种缺失值填充方法，实现了攻击概貌存在情况下对评分矩阵未评分项的填充；基于填充后的评分矩阵，将用户可疑度和相似度进行加权，为目标用户进行推荐。实验结果表明，该方法在保证推荐精度的前提下提高了算法的鲁棒性。

(2) 提出了一种基于可疑用户度量和多维信任的鲁棒推荐方法。通过相关向量机分类器实现了对用户可疑度大小的度量，并将可疑度分别融入用户评分的权威性、客观性和相似性三个信任属性中构建了可靠多维信任模型，能够对用户间的信任度进行有效度量，并将该信任模型与基于用户的推荐模型相结合，对目标用户进行推荐。实验结果表明，该方法能够有效提高邻居选取的可靠性，降低攻击概貌对推荐结果造成的影响，使算法具有较好的推荐精度和鲁棒性。

(3) 提出了一种基于模糊核聚类和支持向量机的鲁棒推荐方法。提出了一种基于模糊核聚类的攻击概貌检测算法，实现了攻击概貌第一阶段的检测；提出了一种基于支持向量机的攻击概貌识别算法，在第一阶段基础上，对攻击概貌进行进一步识别。将攻击概貌识别结果融入矩阵分解模型中，降低模型训练过程中对项目特征矩阵的影响。实验结果表明，该方法具有较好的鲁棒性。

（4）提出了一种基于可疑用户识别和 Tukey M-估计量的鲁棒推荐方法。将可疑用户识别结果和基于用户的近邻模型相融合，构建了一种可靠近邻模型；将 Tukey M-估计量引入矩阵分解模型中，提出了一种鲁棒矩阵分解模型；将可靠近邻模型和鲁棒矩阵分解模型进行有效结合，为目标用户进行推荐。实验结果表明，该算法具有较高的鲁棒性和推荐精度，能为用户提供高质量的推荐。

本书取得了阶段性的研究成果，完成了课题预定的目标。在本书工作的基础上，接下来可在以下两个方面展开进一步研究：

（1）融合社交网络信息的鲁棒推荐方法研究。

目前，文献中关于推荐算法鲁棒性的研究几乎都是基于用户的个人信息和评分数据展开的，本书的工作也是如此。而在现实生活中，用户经常登录的论坛、讨论组、各种社交网站和用户所在的位置数据等都能体现出用户的兴趣、爱好，如果将这些社交网络信息融入用户推荐中，将有助于识别攻击概貌和预测用户的偏好。因此，下一步工作是基于社交网络信息的鲁棒推荐方法研究，进一步提高系统的推荐质量。

（2）推荐系统的可伸缩性研究。

在电子商务系统不断扩大的同时，用户数量和商品数量也在呈指数级增长，面对数以百万计的用户和项目，推荐系统要快速完成诸多的用户推荐遇到了极大困难，从而要求推荐系统在面临大规模数据时也要快速地产生高质量的推荐，即提高算法的可伸缩性（Scalability）。因此，下一步的工作是如何在保证推荐质量的同时提高系统的可伸缩性。

参考文献

[1] WANG H B, SHAO S Z, ZHOU X, et al. Preference recommendation for personalized search [J]. Knowledge-based systems, 2016, 100: 124-136.

[2] BOBADILLA J, ORTEGA F, HERNANDO A, et al. Recommender systems survey [J]. Knowledge-based systems, 2013, 46: 109-132.

[3] 孟祥武,刘树栋,张玉洁,等. 社会化推荐系统研究 [J]. 软件学报, 2015, 26(6): 1356-1372.

[4] PARK D H, KIM H K, CHOI I Y, et al. A literature review and classification of recommender systems research [J]. Expert systems with applications, 2012, 39(11): 10059-10072.

[5] RANA C, JAIN S K. A study of the dynamic features of recommender systems [J]. Artificial intelligence review, 2015, 43(1): 141-153.

[6] LU J, WU D S, MAO M S, et al. Recommender system application developments: a survey [J]. Decision support systems, 2015, 74: 12-32.

[7] 冷亚军,陆青,梁昌勇. 协同过滤推荐技术综述 [J]. 模式识别与人工智能, 2014, 27(8): 720-734.

[8] RESINICK P, VARIAN H R. Recommender systems [J]. Communications of the ACM, 1997, 40(3): 56-58.

[9] 许海玲,吴潇,李晓东,等. 互联网推荐系统比较研究 [J]. 软件学报, 2009, 20(2): 350-362.

[10] BLANCO-FERNANDEZ Y, PAZOS-ARIAS J J, GIL-SOLLA A, et al. Providing entertainment by content-based filtering and semantic reasoning in intelligent recommender systems [J]. IEEE transactions on consumer electronics, 2008, 54(2): 727-735.

[11] BASILE P, GEMMIS M, GENTILE A L, et al. An electronic performance support system based on a hybrid content-collaborative recommender system [J]. Neural network world, 2007, 17(6): 529-541.

[12] GEMMIS M D, LOPS P, SEMERARO G, et al. Integrating tags in a semantic content-based recommender[C]//Proceedings of the 2008 ACM Conference on Recommender Systems (RecSys 2008), Lausanne, Switzerland. ACM,

2008:163-170.

[13] DEGEMMIS M, LOPS P, SEMERARO G. A content collaborative recommender that exploits WordNet-based user profiles for neighborhood formation [J]. User modeling and user-adapted interaction, 2007, 17(3):217-255.

[14] SCHAFER J B, FRANKOWSKI D, HERLOCKER J, et al. Collaborative filtering recommender systems [J]. The adaptive web, LNCS, 2007, 4321: 291-324.

[15] BURKE R. Knowledge-based recommender systems [J]. Encyclopedia of library and information systems, 2000, 69(32):180-200.

[16] BRIDGE D, GOKER M H, MCGINTY L, et al. Case-based recommender systems [J]. The knowledge engineering review, 2005, 20(3):315-320.

[17] BURKE R. Hybrid recommender systems: survey and experiments [J]. User modeling and user-adapted interaction, 2002, 12(4):331-370.

[18] CHOI K, YOO D, KIM G, et al. A hybrid online-product recommendation system: combining implicit rating-based collaborative filtering and sequential pattern analysis [J]. Electronic commerce research and applications, 2012, 11(4):309-317.

[19] HERLOCKER J, KONSTAN J A, TERVEEN L, et al. Evaluating collaborative filtering recommender systems [J]. ACM transactions on information systems, 2004, 22(1):5-53.

[20] GHAZARIAN S, NEMATBAKHSH M A. Enhancing memory-based collaborative filtering for group recommender systems [J]. Expert systems with applications, 2015, 42(7):3801-3812.

[21] 刘建国,周涛,汪秉宏. 个性化推荐系统的研究进展[J]. 自然科学进展, 2009, 19(1):1-15.

[22] BOBADILLA J, ORTEGA F, HERNANDO A, et al. Recommender systems survey [J]. Knowledge-based systems, 2013, 46(1):109-132.

[23] DESROSIERS C, KARYPIS G. A comprehensive survey of neighborhood-based recommendation methods [M]//Recommender Systems Handbook. New York: Springer US, 2011:107-144.

[24] CHEN L, CHEN G L, WANG F. Recommender systems based on user reviews: the state of the art [J]. User modeling and user-adapted interaction, 2015, 25(2):99-154.

[25] DESHPANDE M, KARYPIS G. Item-based Top-N recommendation

algorithms [J]. ACM transactions on information systems,2004,22(1):143-177.

[26] SARWAR B,KARYPIS G, KONSTAN J, et al. Item-based collaborative filtering recommendation algorithms [C]//Proceedings of the 10th International Conference on World Wide Web, Hong Kong, China. ACM, 2001:285-295.

[27] MIYAHARA K,PAZZANI M J. Improvement of collaborative filtering with the simple bayesian classifier [J]. Information processing society journal, 2002,43(11):3429-3437.

[28] UNGAR L H,FOSTER D P. Clustering methods for collaborative filtering [C]//Proceedings of the AAAI Workshop on Recommender Systems, Wisconsin. AAAI,1998:114-129.

[29] SARWAR B M,KARYPIS G,KONSTAN J,et al. Recommender systems for large-scale E-commerce: scalable neighborhood formation using clustering [C]//Proceedings of the 5th International Conference on Computer and Information Technology. 2002.

[30] VUCETIC S,OBRADOVIC Z. Collaborative filtering using a regression-based approach [J]. Knowledge & information systems,2005,7(1):1-22.

[31] SHANI G,HECKERMAN D,BRAFMAN R I. An MDP-based recommender system [J]. Journal of machine learning research,2015,6(1):1265-1295.

[32] HOFMANN T. Latent semantic models for collaborative filtering [J]. ACM transactions on information systems,2004,22 (1):89-115.

[33] HOFMANN T. Collaborative filtering via gaussian probabilistic latent semantic analysis[C]//Proceedings of the 26th Annual International ACM SIGIR Conference on Research and Development in Informaion Retrieval, Toronto,Canada. ACM,2003:259-266.

[34] HOFMANN T. Unsupervised learning by probabilistic latent semantic analysis [J]. Machine learning,2001,42(1/2):177-196.

[35] KOREN Y, BELL R, VOLINSKY C. Matrix factorization techniques for recommender systems [J]. Computer,2009,42(8):30-37.

[36] ADOMAVICIUS G, TUZHILIN A. Toward the next generation of recommendersystems: a survey of the state-of-the-art and possible extensions [J]. IEEE transactions on knowledge and data engineering,2005,17(6):734-749.

[37] GUNES I,KALELI C,BILGE A,et al. Shilling attacks against recommender

systems: a comprehensive survey [J]. Artificial intelligence review, 2014, 42 (4): 767-799.

[38] BURKE R, MOBASHER B, WILLIAMS C, et al. Detecting profile injection attacks in collaborative recommender systems [C]//Proceedings of the 8th IEEE International Conference on E-Commerce Technology and the 3rd IEEE International Conference on Enterprise Computing, E-Commerce, and E-Services, San Francisco, CA. IEEE, 2006: 23-30.

[39] BURKE R, MOBASHER B, WILLIAMS C, et al. Classification features for attack detection in collaborative recommender systems [C]//Proceedings of the 12th ACM SIGKDD International Conference on Knowledge Discovery and Data Mining, Philadelphia, Pennsylvania, USA. ACM, 2006: 542-547.

[40] HURLEY N J, O'MAHONY M P, SILVESTRE G C M. Attacking recommender systems: a cost-benefit analysis [J]. IEEE intelligent systems, 2007, 22(3): 64-68.

[41] OMAHONY M P, HURLEY N J, KUSHMERICK N, et al. Collaborative recommendation: a robustness analysis [J]. ACM transactions on internet technology, 2004, 4(4): 344-377.

[42] MOBASHER B, BURKE R, BHAUMIK R, et al. Toward trustworthy recommender systems: an analysis of attack models and algorithm robustness [J]. ACM transactions on internet technology, 2007, 7(4): 1-23.

[43] YILMAZEL B Y, KALELI C. Robustness analysis of arbitrarily distributed data-based recommendation methods [J]. Expert systems with applications, 2016, 44: 217-229.

[44] O'MAHONY M P, HURLEY N J, SILVESTRE G C M. Towards robust collaborative filtering [C]//Proceedings of the Irish International Conference on Artificial Intelligence and Cognitive Science, Limerick, Ireland. Springer, 2002: 87-94.

[45] O' MAHONY M P, HURLEY N J, SILVESTRE G C M. Promoting recommendations: an attack on collaborative filtering [C]//Proceedings of the 13th International Conference on Database and Expert Systems Applications, Aix-en-Provence, France. Springer, 2002: 494-503.

[46] O'MAHONY M P, HURLEY N J, SILVESTRE G C M. Collaborative filtering-safe and sound? [M]//Foundations of Intelligent Systems. Heidelberg: Springer, 2003: 506-510.

[47] O'MAHONY M P. Towards robust and efficient automated collaborative

filtering [D]. University College Dublin,2004.

[48] O'MAHONY M P, HURLEY N J, SILVESTRE G C M. Efficient and secure collaborative filtering through intelligent neighbour selection [C]//Proceedings of the 16th European Conference on Artificial Intelligence, Valencia, Spain. DBLP,2004:383-387.

[49] SANDVIG J J, MOBASHER B, Burke R. Impact of relevance measures on the robustness and accuracy of collaborative filtering[C]//Proceedings of the 8th International Conference on E-commerce and web Technologies, Regensburg, Germany. Springer,2007:99-108.

[50] HERLOCKER J L, KONSTAN J A, BORCHERS A, et al. An Algorithmic framework for performing collaborative filtering [C]//Proceedings of the 22nd Annual International ACM SIGIR Conference on Research and Development in Information Retrieval, Berkeley. ACM,1999:230-237.

[51] O'MAHONY M P, HURLEY N J, SILVESTRE G C M. An evaluation of neighbourhood formation on the performance of collaborative filtering [J]. Artificial intelligence review,2004,21(3/4):215-228.

[52] DELLAROCAS C. Immunizing online reputation reporting systems against unfair ratings and discriminatory behavior[C]//Proceedings of the 2nd ACM Conference on Electronic Commerce, Minneapolis, USA. ACM, 2000: 150-157.

[53] MOBASHER B, BURKE R, BHAUMIK R, et al. Toward trustworthy recommender systems: an analysis of attack models and algorithm robustness [J]. ACM transactions on internet technology,2007,7(4):23.

[54] JIN X, MOBASHER B. Using semantic similarity to enhance item-based collaborative filtering [C]//Proceedings of the 2nd IASTED International Conference on Information and Knowledge Sharing, Scottsdale, AZ. 2003: 1-6.

[55] MOBASHER B, JIN X, ZHOU Y. Semantically enhanced collaborative filtering on the web [J]. Lecture notes in computer science, 2004, 3209: 57-76.

[56] RESNICK P, SAMI R. The influence limiter: Provably manipulation-resistant recommender systems [C]//Proceedings of the 1st ACM international conference on recommender systems, Minneapolis, USA. ACM,2007:25-32.

[57] RESNICK P, SAMI R. Manipulation-resistant recommender systems through influence limits [J]. ACM SIGecom exchanges,2008,7(3):1-4.

[58] WENG J, MIAO C, GOH A. Improving collaborative filtering with trust-based metrics [C]//Proceedings of the 2006 ACM Symposium on Applied Computing, Dijon, France. ACM, 2006: 1860-1864.

[59] O'DONOVAN J, SMYTH B. Trust in recommender systems [C]// Proceedings of the 10th International Conference on Intelligent User Interfaces, San Diego, USA. ACM, 2005: 167-174.

[60] O'DONOVAN J, SMYTH B. Is trust robust?: An analysis of trust-based recommendation [C]//Proceedings of the 11th International Conference on Intelligent User Interfaces, Sydney, Australia. ACM, 2006: 101-108.

[61] 张富国. 用户多兴趣下基于信任的协同过滤算法研究[J]. 小型微型计算机系统, 2008, 29(8): 1415-1419.

[62] ZHANG F G, XU S H. Analysis of trust-based e-commerce recommender systems under recommendation attacks [C]//The First International Symposium on Data, Privacy, and E-Commerce, Chengdu, China. IEEE, 2007: 385-390.

[63] GODOY D, AMANDI A. Enabling topic-level trust for collaborative information sharing [J]. Personal and ubiquitous computing, 2012, 16(8): 1065-1077.

[64] PITSILIS G. MARSHALL L. A model of trust derivation from evidence for use in recommendation systems [D]. University of Newcastle Upon Tyne, 2004.

[65] KWON K, CHO J, PARK Y. Multidimensional credibility model for neighbor selection in collaborative recommendation [J]. Expert systems with applications, 2009, 36(3): 7114-7122.

[66] 杜永萍, 黄亮, 何明. 融合信任计算的协同过滤推荐方法[J]. 模式识别与人工智能, 2014, 27(5): 417-425.

[67] 王兴茂, 张兴明, 邬江兴. 基于一跳信任模型的协同过滤推荐算法[J]. 通信学报, 2015, 36(6): 193-200.

[68] MAIDA M, MAIER K, OBWEGESER N, STIX V. A multidimensional model of trust in recommender systems [C]//Proceedings of 13th International Conference on Electronic Commerce and Web Technologies, Vienna, Austria. Springer, 2012: 212-219.

[69] 朱强, 孙玉强. 一种基于信任度的协同过滤推荐方法[J]. 清华大学学报, 2014(3): 360-365.

[70] 陆坤, 谢玲, 李明楚. 一种融合隐式信任的协同过滤推荐算法[J]. 小型微

型计算机系统,2016(2):241-245.

[71] 贾冬艳,张付志. 基于双重邻居选取策略的协同过滤推荐算法[J]. 计算机研究与发展,2013,50(5):1076-1084.

[72] 黄世平,黄晋,陈健,等. 自动建立信任的防攻击推荐算法研究[J]. 电子学报,2013,41(2):382-387.

[73] SANDVIG J J, MOBASHER B, BURKE R D. A survey of collaborative recommendation and the robustness of model-based algorithms [J]. Bulletin of the IEEE computer society technical committee on data engineering, 2008, 31(2):3-13.

[74] CHENG Z P, HURLEY N. Robustness analysis of model-based collaborative filtering systems [C]//Proceedings of the Irish Conference on Artificial Intelligence and Cognitive Science, Dublin, Ireland. Springer, 2009:3-15.

[75] MOBASHER B, BURKE R, SANDVIG J J. Model-based collaborative filtering as a defense against profile injection attacks[C]//Proceedings of the 21st National Conference on Artificial Intelligence, Boston, USA. AAAI, 2006, 1388-1393.

[76] SANDVIG J J, MOBASHER B, BURKE R. Robustness of collaborative recommendation based on association rule mining[C]//Proceedings of the 2007 ACM Conference on Recommender Systems, Minneapolis, USA. ACM, 2007:105-112.

[77] AGRAWAL R, IMIELINSKI T, SWAMI A. Mining association rules between sets of items in large databases[C]//Proceedings of the 1993 ACM SIGMOD International Conference on Management of Data, Washington, D. C., USA. ACM, 1993, 22(2):207-216.

[78] KOREN Y, BELL R, VOLINSKY C. Matrix factorization techniques for recommender systems [J]. Computer, 2009, 42(8):30-37.

[79] KOREN Y. Factorization meets the neighborhood: a multifaceted collaborative filtering model[C]//Proceedings of the 14th ACM SIGKDD International Conference on Knowledge Discovery and Data Mining, Las Vegas, USA. ACM, 2008:426-434.

[80] KOREN Y. Factor in the neighbors: scalable and accurate collaborative filtering [J]. ACM transactions on knowledge discovery from data, 2010, 4(1):1-24.

[81] KOREN Y. Collaborative filtering with temporal dynamics [J]. Communications of the ACM, 2010, 53(4):89-97.

[82] 李鹏澎,肖如良,邓新国,等. 一种融合引力影响的新的矩阵分解推荐方法[J]. 小型微型计算机系统,2015,36(4):696-700.

[83] MEHTA B,HOFMANN T,NEJDL W. Robust collaborative filtering[C]//Proceedings of the 2007 ACM Conference on Recommender Systems, Minneapolis,USA. ACM,2007:49-56.

[84] MEHTA B,HOFMANN T. A survey of attack-resistant collaborative filtering algorithms[J]. Bulletin of the technical committee on data Engineering, 2008,31(2):14-22.

[85] MEHTA B,NEJDL W. Attack resistant collaborative filtering [C]//Proceedings of the 31th Annual International ACM SIGIR Conference on Research and Development in Information Retrieval,Singapore. ACM,2008: 75-82.

[86] GORRELL G. Generalized hebbian algorithm for incremental singular value decomposition in natural language processing[C]//Proceedings of the 11st Conference of the European Chapter of the Association for Computational Linguistics,Trento,Italy. 2006:97-104.

[87] CHENG Z P, HURLEY N. Robust collaborative recommendation by least trimmed squares matrix factorization[C]//Proceedings of the 22nd IEEE International Conference on Tools with Artificial Intelligence, Arras, France. IEEE,2010:105-112.

[88] KARATZOGLOU A, WEIMER M. Quantile matrix factorization for collaborative filtering[C]//Proceeding of the 11th International Conference on Electronic Commerce and Web Technologies, Bilbao, Spain. Springer, 2010:253-264.

[89] ZHANG F Z, SUN S X, YI H W. Robust collaborative recommendation algorithm based on kernel function and welsch reweighted M-estimator[J]. IET information security,2015,9(5):257-265.

[90] 李聪,骆志刚. 用于鲁棒协同推荐的元信息增强变分贝叶斯矩阵分解模型[J]. 自动化学报,2011,37(9):1067-1076.

[91] 张燕平,张顺,钱付兰,等. 基于用户声誉的鲁棒协同推荐算法[J]. 自动化学报,2015,41(5):1004-1012.

[92] 李改,李磊. 鲁棒的单类协同排序算法[J]. 自动化学报,2015,41(2):405-418.

[93] YI H W,ZHANG F Z. A robust collaborative recommendation algorithm based on k-distance and Tukey M-estimator[J]. China Communications,

2014,11(9):119-130.

[94] HAN J W, KAMBER M. DATA MINING: Concepts and techniques [J]. Data Mining Concepts Models Methods & Algorithms Second Edition, 2000, 5 (4): 1-18.

[95] BREUNIG M M, KRIEGEL H P, NG R T, et al. LOF: identifying density based local outliers [C]//Proceedings of International Conference on Management of Data, Dallas, Texas, USA. ACM, 2000: 93-104.

[96] 于浩,王斌,肖刚,等. 基于距离的不确定离群点检测[J]. 计算机研究与发展,2010,47(3):474-484.

[97] KNORR E M, NG R T. Algorithms for mining distance-based outliers in large datasets [C]// Proceedings of the 24th International Conference on Very Large Data Bases, New York, USA. Morgan Kaufmann Publishers Inc, 1998: 392-403.

[98] RAMASWAMY S, RASTOGI R, SHIM K. Efficient algorithms for mining outliers from large datasets[C]//Proceedings of the 2000 ACM SIGMOD International Conference on Management of Data, Dallas, Texas USA. ACM Press, 2000: 427-438.

[99] YI H W, ZHANG F Z. Robust recommendation method based on suspicious users measurement and multidimensional trust [J]. Journal of Intelligent Information Systems, 2016, 46(2): 349-367.

[100] TIPPING M E. The relevance vector machine [J]. Advances in Neural Information Processing Systems, 2001, 12: 652-658.

[101] TIPPING M E. Sparse bayesian learning and the relevance vector machine [J]. Journal of Machine Learning Research, 2001, 1: 211-244.

[102] 赵春晖,张燚,王玉磊. 基于小波核主成分分析的相关向量机高光谱图像分类[J]. 电子与信息学报,2012,34(8):1905-1910.

[103] MACKAY D J C. The evidence framework applied to classification networks [J]. Neural Computation, 1992, 4(5): 720-736.

[104] WILLIAMS C A, MOBASHER B, BURKE R. Defending recommender systems: detection of profile injection attacks [J]. Service Oriented Computing and Applications, 2007, 1(3): 157-170.

[105] WILLIAMS C A, MOBASHER B, BURKE R, et al. Detecting profile injection attacks in collaborative filtering: A Classification-based Approach [C]//Proceedings of the 8th International Workshop on Knowledge Discovery on the Web, Philadelphia, USA. Springer, 2007: 167-186.

[106] 伍之昂,庄毅,王有权,等. 基于特征选择的推荐系统托攻击检测算法[J]. 电子学报,2012,40(8):1687-1693.

[107] 印鉴,王智圣,李琪,等. 基于大规模隐式反馈的个性化推荐[J]. 软件学报,2014(9):1953-1966.

[108] DYER R F, FORMAN E H. Group decision support with the analytic hierarchy process[J]. Decision Support Systems,1992,8(2):99-124.

[109] OLSON D L. The analytic hierarchy process[M]// Decision Aids for Selection Problems. Springer New York,1996:49-68.

[110] 伊华伟,张付志,巢进波. 基于模糊核聚类和支持向量机的鲁棒协同推荐算法[J]. 电子与信息学报,2017,039(008):1942-1949.

[111] 杨广全,朱昌明. 基于粒子群优化的模糊核聚类方法[J]. 上海交通大学学报,2009,43(6):935-939.

[112] 沈红斌,王士同,吴小俊. 离群模糊核聚类算法[J]. 软件学报,2004,15(7):1021-1029.

[113] 舒坚,汤津,刘琳岚,等. 基于模糊支持向量回归机的 WSNs 链路质量预测[J]. 计算机研究与发展,2015,52(8):1842-1851.

[114] 王涛,覃鹤宏,赵苓,等. 基于模糊核聚类图像分割的气体泄漏定位研究[J]. 北京理工大学学报,2013,33(3):280-284.

[115] CHEN S C, ZHANG D Q. Robust image segmentation using FCM with spatial constraints based on new kernel-induced distance measure[J]. IEEE Transactions on Systems, Man, and Cybernetics, Part B (Cybernetics), 2004,34(4):1907-1916.

[116] BURGES C J C. A tutorial on support vector machines for pattern recognition[J]. Data Mining & Knowledge Discovery, 1998, 2(2): 121-167.

[117] SENGUR A. Support vector machine ensembles for intelligent diagnosis of valvular heart disease[J]. Journal of Medical Systems,2012,36(4):2649-2655.

[118] 王瑞平,陈杰,山世光,等. 基于支持向量机的人脸检测训练集增强[J]. 软件学报,2008,19(11):2921-2931.

[119] ZHANG F Z, ZHOU Q Q. HHT-SVM: An online method for detecting profile injection attacks in collaborative recommender systems[J]. Knowledge-based Systems,2014,65(4):96-105.

[120] DIOSAN L, ROGOZAN A, PECUCHET J P. Improving classification performance of support vector machine by genetically optimising kernel

shape and hyper - parameters [J]. Applied Intelligence, 2012, 36(2): 280 - 294.

[121] AMINI H, GHOLAMI R, MONJEZI M, et al. Evaluation of flyrock phenomenon due to blasting operation by support vector machine [J]. Neural Computing and Applications, 2012, 21(8): 2077 - 2085.

[122] YI H W, ZHANG F Z. Robust recommendation algorithm based on the identification of suspicious users and matrix factorization [J]. Journal of Information and Computational Science, 2014, 11(13): 4769 - 4777.

[123] YI H W, ZHANG F Z. Robust recommendation algorithm based on the identification of suspicious users and matrix factorization [J]. Journal of Information and Computational Science, 2014, 11(13): 4769 - 4777.

[124] TYLER D E. Robust statistics: theory and methods [J]. Journal of the American Statistical Association, 2008, 103(482): 888 - 889.

[125] HUBER P J. Robust statistics [M]// International Encyclopedia of Statistical Science. Springer Berlin Heidelberg, 2011: 1248 - 1251.

[126] HAMPEL F R. The influence curve and its role in robust estimation [J]. Journal of the American Statistical Association, 1974, 69(346): 383 - 393.

[127] MILLER B N, ALBERT I, LAM S K, et al. MovieLens unplugged: experiences with an occasionally connected recommender system [C]// Proceedings of the 8th International Conference on Intelligent User Interfaces, Miami, Florida, USA. ACM, 2003: 263 - 266.

[128] RICCI F, ROKACH L, SHAPIRA B, et al. Recommender systems handbook [M]. Berlin: Springer, 2011: 145 - 186.

[129] 贾冬艳. 基于多维信任模型的可信推荐方法研究 [D]. 燕山大学, 2013.

[130] 刘真. 基于用户评分矩阵分块的鲁棒推荐模型研究 [D]. 燕山大学, 2013.

[131] 邓爱林, 朱扬勇, 施伯乐. 基于项目评分预测的协同过滤推荐算法 [J]. 软件学报, 2003, 14(9): 1621 - 1628.